Liebster Goldfisch!

Alles Gute für diesen neuen Lebens-abschnitt! Deine Mama
SR.

Juli 2000

Typisch

italienisch!

a cook book

Typisch italienisch!

Die Originalausgabe erschien 1997 in Großbritannien
unter dem Titel „Complete Italian“
bei Hamlyn/Octopus Publishing Group Limited
2–4 Heron Quays, Docklands, London E14 4JB

Deutschsprachige Ausgabe:
© 1999 Gräfe und Unzer Verlag GmbH, München / 5 4 3 2 1
Printed in China

Übersetzung aus dem Englischen: Christiane Daxer und Markus Koch
Projektleitung: Claudia Bruckmann
Redaktion und Satz: Redaktionsbüro Cornelia Klaeger, München
Produktion: Renate Hutt
Umschlaggestaltung: Heinz Kraxenberger
Umschlagfoto: FoodPhotography Eising
Rezeptfotos: Reed International Books Ltd./
William Adams-Lingwood, Robert Golden,
Tim Imrie, Graham Kirk, James Murphy, Peter Myers,
Simon Smith, Roger Stowell, Paul Webster, Paul Williams.
ISBN 3-7742-1487-5

Inhalt

Einleitung

Ein gutes Essen, ein guter Wein - das sind Inbegriffe italienischer Lebensart, das ist Lebensphilosophie, ganz einfach ein Stück italienische Kultur.

In Italien dauern Mahlzeiten oft Stunden, denn es werden immer mehrere Gänge serviert - man genießt das Essen, meist mit der ganzen großen Familie.

Auch für ihre vielen Fans im Ausland ist die italienische Küche unschlagbar. Beim Besuch Italiens möchte man nicht nur Kirchen und Kunst erleben, sondern vor allem auch die kulinarischen Köstlichkeiten des beliebten Urlaubslandes. Um in diesen Genuß zu kommen, müssen Sie gar nicht so tief in die Tasche greifen, denn authentische italienische Gerichte werden Ihnen nicht nur in teuren Spitzenrestaurants geboten. Gehen Sie in die kleineren Lokale, die Trattorien und Pizzerien - hier werden Sie oft von der ganzen Familie versorgt, hier schmeckt's garantiert ganz typisch italienisch.

Und noch ein Tip, um die „wahre" italienische Küche zu finden: Gehen Sie am besten dorthin, wo die Einheimischen essen!

Kochen „alla mamma"

Aber am allerbesten wird in Italien immer noch zu Hause gekocht. Gerade weil Essen und Beieinander sitzen hier ganz groß geschrieben werden, kocht man (und Frau) gerne und anspruchsvoll – und das können Sie auch! Sie müssen nämlich nicht unbedingt nach Italien fahren, um die echte italienische Küche genießen zu können. Machen Sie „Urlaub zu Hause"; dieses Kochbuch hilft Ihnen dabei.

Bereits das Vorbereiten und Nachkochen der Rezepte ist ein Vergnügen, denn alles gelingt leicht – der Erfolg ist Ihnen sicher: bei Ihrer Familie, bei Ihren Gästen.

Außerdem bietet die italienische Küche, wie Sie beim Durchblättern dieses Buches bereits feststellen werden, eine große Auswahl an Rezepten: schnelle, etwas aufwendigere, leichte, anspruchsvolle, schlichte, raffinierte... für jeden Geschmack, für jede Gelegenheit und auch für jeden Geldbeutel ist etwas dabei.

Die Geschichte der italienischen Küche

Die italienische Küche hat sich über Jahrhunderte entwickelt. Sie hat vieles aus klassischen europäischen Traditionen, auch denen der römischen, griechischen und byzantinischen Küche, aufgenommen.

So wie wir sie heute kennen, hat sie allerdings ihre Wurzeln in der Renaissance und erhielt Impulse aus den vielen Entdeckungen und Erfindungen in Kunst und Wissenschaft jener Zeit. Ergebnis dieser aufregenden Phase europäischer Geschichte war ein neu erwachtes Interesse an der Küche, vor allem in Nord- und Zentralitalien, in Florenz, Mailand und Rom. Es gab eine neue Blüte der Kochkunst als man lernte, die neuen Zutaten aus dem Fernen Osten und der Neuen Welt zu nutzen.

Klassische Rezepte sind über Jahrhunderte von Generation zu Generation weitergegeben worden. Sie sind heute zentraler Bestandteil der Familienküche in ganz Italien.

„Gut zu essen und zu trinken ist ein unverzichtbarer Bestandteil des italienischen Alltags und der italienischen Kultur."

Regionale Unterschiede

Bevor Italien 1870 unter König Victor Emanuel II. vereinigt wurde, war es – ähnlich wie Deutschland in der ersten Hälfte des 19. Jahrhunderts – ein Fleckenteppich unabhängiger Staaten. Feindseligkeiten zwischen ihnen führten zu ausgeprägtem Regionalstolz und zur Betonung regionaler Unterschiede. Das betraf alles – das Familienleben, die Traditionen, Gesetze und Zölle – und selbstverständlich die Küche. Bei einer Reise durch Italien kann man auch heute noch die Unterschiede zwischen den Regionen, nicht nur in Klima und Landschaft, sondern auch auf den Speisekarten feststellen. In Italien gibt es daher eine enorme Anzahl unterschiedlicher Gerichte, Käsesorten und Weine. Und bis heute gilt: Nur wer die Welt des Kochens richtig kennt, kennt Italien!

Die größten Unterschiede gibt es zwischen Nord- und Süditalien. Der Norden ist industriell entwickelter und reicher, der Boden ist fruchtbarer. Der Süden ist heißer und die Landschaft karger.

In der Küche zeigen sich die Unterschiede am auffälligsten bei den Nudeln. Im Norden sind es die flachen, frisch mit Ei hergestellten Tagliatelle, Fettuccine und Lasagne, im Süden werden die röhrenförmigen Nudeln, wie Spaghetti, Makkaroni, Zita, Bucatini und Rigatoni, bevorzugt.

Im Norden wächst in der Poebene westlich von Venedig der Arborio-Reis, neben den Nudeln eine Grundzutat der norditalienischen Küche. Dieser Rundkornreis ist unverzichtbar für die hier hochgeschätzten Risotti.
Das Fett der norditalienischen Küche ist die Butter, das der süditalienischen das Olivenöl.

Im Norden ißt man gern leckere Kuchen und süßes Gebäck - ein germanischer Einfluß. Auch Wildgerichte haben hier Tradition. Im Süden werden Kräuter und Gewürze großzügiger eingesetzt, die Aromen sind wesentlich kräftiger.

Alle Regionen Italiens haben aber eines gemeinsam: die Lust am Essen und Kochen.

... und gesund dazu

Italienisches Essen schmeckt nicht nur hervorragend, es ist auch sehr gesund. Die Italienier legen nämlich großen Wert auf qualitativ hochwertige Zutaten. Gutes Olivenöl ist ein absolutes „Muß", genauso wie vitaminreiches Gemüse, knackiger Salat, frischer Fisch und Meeresfrüchte, Pasta und Reis. Diese Zutaten sichern den täglichen Bedarf an Vitaminen und Mineralien und sorgen für erstaunlich fettarme Mahlzeiten.

Es ist deshalb kein Wunder, daß vor allem Herz-Kreislauf-Erkrankungen in Italien vergleichsweise selten auftreten. Also noch ein Grund mehr, so wie die Italiener zu kochen.

Die Zutaten

In Italien selbst ist es einfach, gute Zutaten einzukaufen. Das Angebot an sonnengereiftem Gemüse, Obst und frischen Salaten ist enorm. Und es macht Spaß, hier auf den Markt zu gehen oder sich in einem der vielen kleinen Lebensmittelläden beraten zu lassen.

Zum Glück gibt es auch bei uns inzwischen eine stetig wachsende Auswahl an Zutaten für typisch italienische Gerichte. Wenn Sie zu Hause italienisch kochen möchten, kaufen Sie ebenfalls besser auf dem Markt ein oder in kleineren Gemüseläden (die zum Teil ja auch bei uns von Italienern geführt werden), statt in großen Supermärkten.

Die Hauptzutat Nummer eins, ein hochwertiges Olivenöl, können Sie auf Vorrat kaufen, vielleicht sogar aus Italien mitbringen, aber in jedem Fall dunkel lagern. Zum Kochen und Braten verwendet man ein helleres Olivenöl. Ein kräftigeres, das auch trüber sein darf, sollten Sie für Salate kaufen. Empfehlenswert ist auf jeden Fall die beste Qualität: extra vergine.

Worauf Sie bei den typischen Zutaten im einzelnen achten sollten, erfahren Sie in den entsprechenden Kapiteln dieses Buches.

Das Wichtigste für die Vorratskammer

Wenn Sie italienisch kochen wollen, sollten Sie sich einen kleinen Vorrat der folgenden haltbaren Lebensmittel anlegen

- Nudeln sind aus der italienischen Küche gar nicht wegzudenken. Es gibt sie frisch und getrocknet. Natürlich schmecken frische Pasta immer besser als getrocknete, aber wenn's mal schnell gehen muß, ist es prima, wenn man getrocknete im Schrank hat.
Pasta werden aus Hartweizengrieß hergestellt, der mit Eiern, Öl oder beidem verarbeitet wird. Grüne und rote Nudeln sind mit Spinat- oder Rote-Bete-Saft gefärbt. Kleinere Nudeln sind als Suppeneinlagen geeignet. Schaffen Sie einfach einen Vorrat der verschiedenen Sorten an.
- Reis ist – neben den Nudeln – das andere Grundnahrungsmittel in Italien. Der italienische Arborio-Reis ist ein Rundkornreis, der mehr Flüssigkeit aufnimmt als andere Reissorten und sich speziell für cremige Risotti eignet.
- Tomaten in Dosen sind ein absolutes Muß in der italienischen Küche. Sie haben den vollen Tomatengeschmack und gehören unbedingt in den Vorratsschrank. Sie schmecken besser als frische Treibhaustomaten, die oft wenig Aroma haben. Außerdem sind sie bereits geschält, mitunter auch schon zerkleinert, was ihre Verwendung noch einfacher macht.
- Tomatenmark verstärkt Geschmack und Farbe aller Gerichte, für die frische oder Dosentomaten verwendet werden.
- Oliven werden in der italienischen Küche häufig verwendet. Sowohl als Zutaten für Soßen und Schmorgerichte als auch als Vorspeise. Schwarze, grüne und gefüllte Oliven in Gläsern sind eine Weile haltbar und gehören in jeden Vorratsschrank.
- Kapern sind eine weitere nützliche Zutat, die Fischgerichten Geschmack und Originalität verleiht. Sie geben Soßen einen besonderen Kick und eignen sich auch als Garnierung.
- Antipasti kann man in vielen Supermärkten in Gläsern kaufen. Sie eignen sich als Zutaten für diverse Gerichte. Sie sollten unbedingt sonnengetrocknete Tomaten (die zerkleinert in Pastasoßen köstlich schmecken), Artischockenherzen, eingelegte Pilze und eingelegte Paprika vorrätig haben.
- Pesto paßt perfekt zu Spaghetti und eignet sich wunderbar zum Verfeinern von Soßen. Er wird aus Basilikum, Parmesan, Pinienkernen und Olivenöl am besten frisch hergestellt. Legen Sie sich im Spätsommer, wenn es besonders aromatisches Basilikum gibt, einen Vorrat an. Abgefüllt in kleine Gläser und kühl und dunkel aufbe-

wahrt, hält er sich mehrere Monate. Doch auch, was im Supermarkt in Gläsern angeboten wird, ist eine akzeptable Alternative. Eine Variante, der rote Pesto, enthält sonnengetocknete Tomaten.

Ein Menü richtig zusammenstellen

Das italienische Essen beginnt mit *antipasti* wie gefüllten Gemüsen, Salami und Schinken oder Meeresfrüchtesalat. Üblicherweise folgt eine Suppe, *minestra,* oder Nudeln, *pasta* – aber in der Regel nicht beides. Danach gibt es einen Gemüsegang, der aber nicht unbedingt notwendig ist.

Es folgt die *piatto di mezzo*, der mittlere oder Hauptgang. Er enthält Fleisch, Geflügel oder Fisch, dazu reicht man eventuell einen Salat oder Gemüse.

Dann kommt das Dessert. Das darf bei keiner Mahlzeit fehlen. Es kann einfach aus frischen Früchten der Saison bestehen, vielleicht kombiniert mit Eiscreme. Typisch italienische *dolci* sind auch köstliche Puddings oder Kuchen. Jedenfalls muß der krönende Abschluß des Menüs süß sein. Käse wird an dieser Stelle selten angeboten. Er ist eher Teil der Antipasti oder wird als Snack zu anderen Tageszeiten gegessen.

Mahlzeiten sind immer ein großes soziales Ereignis in Italien. Bei dieser Gelegenheit treffen sich alle, die jüngsten und die ältesten Familienmitglieder. Das Mittagessen ist die wichtigste Mahlzeit des Tages. Sie besteht aus mehreren Gängen, die alle gleich wichtig sind. Dafür lassen sich die Menschen bis zu zwei Stunden Zeit. Fabriken und Geschäfte sind oft geschlossen, und viele gehen nach Hause oder, wenn das zu weit ist, besuchen ihr bevorzugtes Restaurant.

Pasta

Wie bereits erwähnt, schmecken frische Nudeln hervorragend und natürlich besser als getrocknete. Wenn Sie etwas Zeit haben, können Sie frische Pasta ganz einfach zu Hause selbst herstellen – mit oder ohne Nudelmaschine. Wichtig ist die richtige Konsistenz des Teiges – wenn Sie diesen wie auf Seite 64 beschrieben zubereiten, gelingen Ihre frischen Nudeln garantiert. Sie können frische Pasta aber auch fertig kaufen. Es gibt sie in den verschiedenen Sorten in Feinkostgeschäften, italienischen Läden und einigen Supermärkten.

Pizza

Denkt man an Italien, denkt man oft gleich auch an Pizza. Angeblich kommt die Pizza ursprünglich aus Neapel, dem kulinarischen Zentrum im Süden Italiens. Pizza wird hier in Bäckereien und Pizzerien in offenen Steinöfen gebacken und oft als einfache Zwischenmahlzeit angeboten. Selbstgemachte Pizza ist besonders bei Kindern beliebt. Auch hier kommt's auf den Teig an – auf Seite 170 finden Sie das passende Rezept dafür.

Wein

Italien ist weltweit das Weinland Nummer eins. Hier wird der meiste Wein produziert - und auch verbraucht, nämlich ungefähr 120 Flaschen pro Kopf und Jahr. Jede Region Italiens hat ihre eigenen Weine. Der *Barolo*, ein kräftiger Rotwein, der gut zu Fleisch- und Wildgerichten paßt, stammt aus dem Piemont. Ebenfalls von dort kommt der *Barbera*, ideal zu Pasta und Pizza. In Venetien werden so bekannte Sorten wie *Valpolicella* und

„Pizza und Pasta stehen auch bei uns mittlerweile für den einfachen, täglichen Genuß."

Soave angebaut, der berühmte *Chianti Classico* kommt aus der Toskana.
Chianti schmeckt ausgezeichnet zu allen gebratenen Gerichten, zu Wild und Gegrilltem. Weißer Wermut und Süßweine wie *Marsala* eignen sich gut zum Kochen.

Rezepte für Brühen

Hier finden Sie Grundrezepte für Brühen, die immer wieder in den Rezepten dieses Buches verwendet werden. Eine aromatische Brühe kann leicht und preiswert zubereitet werden. Man braucht dafür nur einige wenige Grundzutaten. Es ist wirklich nicht nötig, auf Brühwürfel zurückzugreifen!
Fertig gekochte Brühe kann tiefgefroren werden, sobald sie abgekühlt ist. Zum Beispiel portionsweise in kleinen Kunststoffbehältern (z.B. Joghurtbechern) oder im Eiswürfelbehälter. Sobald die Brühe gefroren ist, können die Würfel in Gefrierbeutel verpackt und gelagert werden.

Bei der Zubereitung von Brühen sollten einige grundlegende Regeln unbedingt beachtet werden, damit die Brühen optimal gelingen:

- Brühen sollten bei sehr schwacher Hitze köcheln, damit sie nicht zu schnell verdampfen und trübe werden.
- Brühe niemals salzen, weil das Aroma durch das lange Köcheln konzentriert wird.
- Schaum, der sich an der Oberfläche bildet, sollte entfernt werden.
- Stärkehaltige Gemüse wie Kartoffeln nicht in der Brühe garen, da sie sonst trüb wird.

Rindfleischbrühe

- 2,5 kg Rindfleisch- oder Rind- und Kalbfleischknochen in die Fettpfanne des Ofens geben und im vorgeheizten Ofen bei 230 Grad, Gas Stufe 5, Umluft 210 Grad ca. 1 Stunde rösten, bis das Fleisch und eventuell die Knochen gebräunt sind sowie das Fett herausgetreten ist. Knochen mit einem Schaumlöffel in einen großen Topf geben.
- 2 Zwiebeln (grob gehackt), 2 Möhren (grob gehackt) und 2 Stangen Staudensellerie (grob gehackt) in die Fettpfanne geben, im restlichen Fett auf dem Herd kräftig anbraten. Nicht anbrennen lassen. Gemüse mit 2 Lorbeerblättern, einigen Petersilienstengeln, 2 Thymianzweigen und 10 Pfefferkörnern zu den Knochen in den Topf geben, mit 5 Litern kaltem Wasser bedecken.
- Aufkochen, entstehenden Schaum von der Oberfläche abschöpfen und die Hitze reduzieren. Offen ca. 8 Stunden köcheln lassen, gelegentlich Schaum abschöpfen. Die Brühe durch ein Sieb streichen, abkühlen lassen, Fett von der Oberfläche entfernen und portionsweise einfrieren.

Ergibt ca. 3 Liter
Vorbereitungszeit: 5 – 10 Minuten
Garzeit: ca. 9 Stunden

> *„Bei allen regionalen Unterschieden der Küche in Italien verbindet diese doch die einfache Zubereitung aller Speisen mit frischen, saisonalen Zutaten."*

Hühnerbrühe

• 1 Hähnchen in 3 oder 4 Teile hacken. Mit Geflügelklein, 1 Zwiebel (grob gehackt), 2 großen Möhren (grob gehackt), 1 Stange Staudensellerie (grob gehackt), 1 Lorbeerblatt, einigen Petersiliestengeln (leicht zerdrückt) und 1 Zweig Thymian in einen großen Topf geben und mit 2 Litern kaltem Wasser bedecken.
• Aufkochen, Schaum von der Oberfläche schöpfen. Bei schwacher Hitze 2 – 2 ½ Stunden köcheln lassen. Durch ein mit Musselin ausgelegtes Sieb gießen, abkühlen lassen.

Ergibt 1 Liter
Vorbereitungszeit: 5 – 10 Minuten
Garzeit: ca. 2 ½ Stunden

Fischbrühe

Für Fischbrühe keine Fischabfälle (Gräten und Köpfe) von fetten Fischen verwenden, Brühe nicht kochen lassen.

• 1 ½ kg Fischabfälle, 1 Zwiebel (in Streifen geschnitten), weiße Teile von 1 kleinen Stange Porree, 1 Stange Staudensellerie, 1 Lorbeerblatt, 6 Stengel Petersilie, 10 Pfefferkörner und ½ Liter trockenen Weißwein in einen großen Topf geben. Mit 2 Litern kaltem Wasser bedecken.
• Nicht ganz aufkochen. Zirka 20 Minuten köcheln lassen. Entstehenden Schaum von der Oberfläche abschöpfen. Brühe durch ein mit Musselin ausgelegtes Sieb gießen und vor dem Einfrieren vollständig abkühlen lassen.

Ergibt ca. 2 Liter
Vorbereitungszeit: ca. 10 Minuten
Garzeit: ca. 20 Minuten

Gemüsebrühe

Dieses Rezept für Gemüsebrühe kann je nachdem, was Sie für Gemüse vorrätig haben, variiert werden. Für ein mildes Anisaroma können beispielsweise Fenchelknollen zugegeben werden, ein Stückchen Orangenschale sorgt für eine besondere Note. Tomaten verleihen der Brühe ein kräftigeres Aroma und Farbe. Denken Sie daran, Kartoffeln oder anderes stärkehaltiges Gemüse nicht mitzukochen, da sie die Brühe trüben.
• 500 g gemischtes Gemüse (z. B. Möhren, Porree, Sellerie, Zwiebeln und Champignons), 1 Knoblauchzehe, 6 Pfefferkörner, 1 Bouquet garni (2 Stengel Petersilie, 2 Zweige Thymian und 1 Lorbeerblatt) in einen Topf geben und mit 1 ¼ Liter Wasser bedecken.
• Aufkochen, ca. 30 Minuten köcheln lassen. Falls nötig, entstehenden Schaum abschöpfen. Durch ein Sieb streichen und vor dem Einfrieren vollständig abkühlen lassen.

Ergibt 1 Liter
Vorbereitungszeit: 5 – 10 Minuten
Garzeit: ca. 45 Minuten

Küchen-geräte

„Es ist wirklich keine Übertreibung zu sagen, daß Friede und Glück geographisch da beginnen, wo Knoblauch in der Küche verwendet wird."

Marcel Boulestin

Wenn der Koch oder die Köchin die Hitze in der Küche aushält, müssen dies auch die verwendeten Geräte tun. Spülmaschinengeeignete Töpfe aus Edelstahl, robuste Schneidbretter, scharfe Küchenmesser, Mixer und Rührgeräte sind alle Teil der „batterie de cuisine" eines jeden Küchenchefs, der oder die etwas auf sich hält. Hier sind einige Richtlinien, die goldene Regel ist aber, das beste Küchenwerkzeug zu kaufen, das Sie sich leisten können.

Durchschläge

Sie werden zum Abgießen (z.B. von frisch gekochten Nudeln) und zum Abspülen und Abtropfen von Lebensmitteln (z.B. Salat und Gemüse) gebraucht. Es gibt sie in ganz unterschiedlichen Formen und Größen, aus Metall und aus Kunststoff. Kaufen Sie Durchschläge nicht zu klein – sie sollten auf jeden Fall noch in Ihr Spülbecken passen.

Pizzarad

Ein praktisches Gerät zum Schneiden von Pizza, flachen Blechkuchen, Nudel- und Kuchenteig. Beim Kauf sollten Sie darauf achten, daß sich das Rad leicht bewegt, daß es einen Fingerschutz besitzt und aus rostfreiem Stahl ist.

Reiben und Hobel

Reiben gibt es für Gemüse, Obst, Käse und Gewürze in verschiedenen Größen, mit groben und feinen, gezackten und glatten Löchern. Die feinen sind für Gewürze und Hartkäse, die groben für Gemüse und Obst. Hobel gibt es mit glatten und gewellten Schneiden. Hobel und Reiben werden kombiniert in einem Gerät und als Spezialgeräte angeboten. Sie sollten stabil und aus rostfreiem Stahl sein. Spezielle Parmesanreiben haben ein Extrafach, in dem der geriebene Käse aufgefangen wird.

Meßbecher

Zum Messen von Flüssigkeiten werden die Mengen in Millilitern und 1/8-l-Schritten angegeben. Meßbecher gibt es in unterschiedlichen Größen aus Glas, Kunststoff und Edelstahl. Achten Sie darauf, daß auch kleine Mengen damit genau meßbar sind und daß der Behälter spülmaschinengeeignet ist.

Nudellöffel

Das ist ein großer langstieliger Edelstahllöffel mit tief gezacktem Rand. Damit lassen sich Bandnudeln und Spaghetti leicht und problemlos aus dem Topf auf den Teller transportieren. In der Mitte hat er idealerweise ein Loch, durch das das Wasser abtropfen kann.

Pizza- oder Brotstein

Er wird zum Backen von Pizza und Fladenbrot benutzt. Man braucht ihn zwar nicht unbedingt, aber er ist sehr hilfreich für ein authentisches Backergebnis. Der Pizzastein besteht aus Terrakotta, der die Hitze gut hält und den Pizzaboden so richtig schön knusprig werden läßt.

Knoblauchpresse

Mit einer Knoblauchpresse können Sie geschälte Knoblauchzehen ganz leicht fein zerkleinern. Sie werden durch die Presse direkt in das Gericht gedrückt. Durch das Pressen entfalten sich die ätherischen Öle und der volle Geschmack des Knoblauchs besonders gut.

Pizzaschaufel

Sie sieht aus wie ein Tortenheber, der an einer Seite eine Schneide hat, und ist in der Regel aus Edelstahl. Sie können damit Pizza schneiden und die Stücke sofort vom Blech auf den Teller transportieren.

Palette

Die Palette ist ein biegsames Messer mit runder Klinge ohne Schneide. Sie wird beim Backen hauptsächlich zum Auftragen und Glattstreichen von Cremes und Füllungen verwendet. Gute Paletten werden aus Edelstahl hergestellt, sie werden allerdings auch aus Kunststoff angeboten.

Spezielle Utensilien

Nudelmaschine

Wenn Sie oft Nudeln selber machen, lohnt sich die Anschaffung einer Nudelmaschine. Sie erleichtert die Herstellung sehr. Der Teig wird durch die Walzen der Maschine gedreht und kommt als dünnes, elastisches Teigblatt wieder heraus. Je öfter das Teigblatt durchgedreht wird, desto dünner wird es. Es gibt Zusatzgeräte zu den Maschinen, mit denen die Teigblätter in ganz gleichmäßige, verschieden breite Banddnudeln geschnitten werden können.

Nudelholz

Es wird zum Ausrollen von Nudel-, Brot- und Kuchenteig verwendet. Ein Nudelholz sollte schwer sein, dann übernimmt es durch sein Gewicht schon einen Teil Ihrer Arbeit, und Sie müssen weniger Kraft einsetzen. Nudelhölzer werden aus Holz, Kunststoff, mit beschichteter Oberfläche und aus Marmor angeboten. Beim Ausrollen sollten Sie Teig und Nudelholz leicht mit Mehl bestauben, damit der Teig nicht daran kleben bleibt.

Ravioliblech
Das ist eine Gußform mit Vertiefungen, auf die eine Teigplatte gelegt und angedrückt wird. Dann wird die Füllung in die Mitte der Vertiefungen gesetzt, eine zweite Teigplatte aufgelegt und mit einem Nudelholz darübergerollt, wodurch die Teigplatten zusammengedrückt und die Ravioli einzeln abgetrennt werden können.

Ravioliausstecher
Damit können Sie einzelne Teigquadrate aus einer Nudelteigplatte ausstechen und anschließend nach Belieben füllen.

Olivenölkanne
Sie hat eine lange, dünne Tülle, um das Öl gleichmäßig verteilen und fein dosieren zu können. Sie sollte nicht zu groß sein, damit das Öl schnell verbraucht wird.

Suppen und Vorspeisen

Zucchini-Suppe

mit Parmesan-Crostini

Diese erfrischende und leichte Suppe mit dezentem Geschmack, kann zu jeder Jahreszeit zubereitet werden, da Zucchini immer erhältlich sind.

40 g Butter
1 Zwiebel (in Ringe geschnitten)
500 g Zucchini (in dünne Scheiben geschnitten)
1,2 l Hühnerbrühe (siehe Seite 11)
2 kleine Eier
2 Eßlöffel geriebener Parmesan
1 Eßlöffel gehacktes Basilikum oder gehackte Petersilie
Salz und Pfeffer
Crostini oder Croûtons zum Garnieren

Die Butter in einem Topf zerlassen und die Zwiebel darin ca. 5 Minuten dünsten. Zucchini zugeben und unter ständigem Rühren 5 – 10 Minuten anbraten. Hühnerbrühe zugießen, aufkochen, zudecken und ca. 20 Minuten sanft kochen lassen.

Die Suppe mit dem Pürierstab pürieren oder durch ein Sieb streichen. Zurück in den Topf füllen und nochmals aufkochen lassen.

Eier, Käse und Kräuter verschlagen. Nach und nach in die kochendheiße Suppe rühren. Abschmecken und in Suppenschüsseln füllen.

Mit Crostini oder Croûtons garnieren und sofort servieren.

4 – 6 Portionen
Vorbereitungszeit: *25 – 30 Minuten*
Garzeit: *ca. 20 Minuten*

Tip: Für die Crostini Stangenweißbrot in 5 mm dicke Scheiben schneiden und diese auf einer Seite rösten. Die andere Seite mit Butter bestreichen, mit geriebenem Parmesan dick bestreuen und unter dem vorgeheizten Elektrogrill überbacken, bis der Käse goldbraun ist und Blasen wirft.

Herzhafte Minestrone

Dies ist die wohl bekannteste italienische Suppe – eine gehaltvolle, wärmende Bauernmahlzeit.

125 g Cannellini-Bohnen
3 Eßlöffel Öl
2 Zwiebeln (gehackt)
2 Knoblauchzehen (durch die Presse gedrückt)
2 – 3 Streifen Frühstücksspeck ohne Schwarte (gehackt)
1 Teelöffel gehackter frischer Majoran
½ Teelöffel gehackter frischer Thymian
4 Tomaten (gehäutet, entkernt und gehackt (siehe Tip unten)
2 Möhren (gewürfelt)
2 Kartoffeln (gewürfelt)
1 kleine Steckrübe (gewürfelt)
1 – 2 Stangen Staudensellerie
250 g Weißkohl
50 g kleine Nudeln
Salz und frisch gemahlener Pfeffer
3 Eßlöffel geriebener Parmesan

Zum Garnieren

geriebener Parmesan
1 Teelöffel gehackte Petersilie
einige Zweige frischer Thymian zum Garnieren

Die Bohnen in eine große Schüssel geben und, mit Wasser bedeckt, mindestens 8 Stunden, am besten über Nacht, einweichen lassen. Bohnen abgießen und unter fließendem kaltem Wasser spülen.

Das Öl in einem großen Topf erhitzen. Zwiebeln, Knoblauch und Speck darin ca. 5 Minuten unter gelegentlichem Rühren dünsten, bis die Zwiebeln weich und goldbraun sind.

Bohnen, Kräuter und Tomaten zugeben und mit 1,8 l Wasser aufgießen. Den Topf zudecken und alles ca. 2 Stunden bei mittlerer Hitze kochen lassen. Dann die Möhren zugeben. Nach ca. 10 Minuten Kartoffeln und Rübe untermischen und alles weitere 10 Minuten kochen lassen.

Sellerie und Kohl putzen und hacken. Mit den Nudeln in die Suppe geben und in ca. 10 Minuten bißfest kochen. Mit Salz und Pfeffer abschmekken. Parmesan unterrühren, die Suppe in Teller füllen. Mit Parmesan und Petersilie bestreuen, mit Thymianzweigen garnieren und sofort servieren.

6 Portionen
Vorbereitungszeit: *ca. 20 Minuten, plus Einweichzeit über Nacht*
Garzeit: *ca. 2 ½ Stunden*

Tip: Tomaten werden gehäutet, indem man sie vollständig mit kochendem Wasser übergießt und 1 – 2 Minuten darin ruhen läßt. Dann herausnehmen, am Stielansatz kreuzweise einschneiden und die Haut abziehen.

Schinken-Bohnen-Suppe *mit Knoblauch*

400 g getrocknete Borlotti- oder Cannellini-Bohnen
1 Möhre (gehackt)
1 Zwiebel (geviertelt)
1 Bouquet garni
125 g gekochter geräucherter Schinken (gewürfelt)
40 g Butter
2 Schalotten (fein gehackt)
1 Knoblauchzehe (durch die Presse gedrückt)
1 Eßlöffel gehackte Petersilie
Salz und frisch gemahlener schwarzer Pfeffer
½ Teelöffel gehackte Petersilie zum Garnieren
125 g Croûtons zum Servieren

Die Bohnen über Nacht in kaltem Wasser einweichen. Abgießen, mit 2 l leicht gesalzenem Wasser in einen großen Topf geben und bei mittlerer Hitze aufkochen lassen. Möhre, Zwiebel, Bouquet garni und Schinken zugeben. Zirka 2 Stunden kochen lassen, bis die Bohnen weich sind.

Das Bouquet garni aus der Suppe nehmen. Suppe pürieren, zurück in den Topf gießen und bei mittlerer Hitze erneut erhitzen.

Die Butter in einem Topf erhitzen. Schalotten und Knoblauch darin goldbraun braten. Petersilie untermischen und alles zum Bohnenpüree geben.

Mit einem Holzlöffel gut durchrühren. Mit Salz und Pfeffer abschmecken, die Suppe in Suppenschüsseln füllen und mit etwas Petersilie bestreuen. Croûtons separat dazu reichen.

4 Portionen
Vorbereitungszeit: *ca. 30 Minuten, plus Einweichzeit über Nacht*
Garzeit: *ca. 2 Stunden*

Salami, Schinken & Co.

Parmaschinken
Diese Schinkenspezialität stammt ursprünglich aus Parma. Er wird luftgetrocknet und lange gereift, darum ist Parmaschinken vergleichsweise teuer. Er wird hauchdünn geschnitten und häufig mit Melone oder Feigen als Vorspeise serviert.

Pancetta
Pancetta ist ein ungeräucherter durchwachsener Bauchspeck. Er wird mit Gewürzen, Salz und Pfeffer getrocknet, dann, zur Wurst aufgerollt, in sehr dünne Scheiben geschnitten. Pancetta wird oft in Würfeln, mit Knoblauch und Zwiebeln angebraten, serviert.

Frische italienische Würste
In Italien werden Würste verschiedenster Formen und Größen hergestellt, oft mit Knoblauch, Pfeffer, Fenchel und Wein gewürzt. Salamelle und Zampone sind typische Beispiele. Sie werden gegart und mit Kartoffelsalat oder Gemüse heiß serviert.

Mortadella
Mortadella ist eine große, leicht geräucherte Wurst, die meist aus 100 Prozent Schweinefleisch hergestellt wird. Sie ist mit Petersilie, Oliven und Pistazienkernen gewürzt und schmeckt fein aufgeschnitten als Brotbelag oder gewürfelt in Salaten.

Bocconcino
Bocconcini sind kleine Salamis, die als Kette verkauft werden. Sie bestehen aus Schweinefleisch oder anderem roten Fleisch, sind mit Fett durchsetzt und stark gewürzt. Boccocinos schmekken dünn geschnitten in Salaten oder auf Sandwiches.

Bresaola
Bresaola ist gepökeltes und luftgetrocknetes rohes Rinderfilet, das sehr teuer ist. Es wird in sehr dünnen Scheiben als Vorspeise serviert und schmeckt hervorragend mit einem einfachen Dressing aus Olivenöl, Zitronensaft und Pfeffer.

Ferrarasalami
Ferrarasalami ist eine der vielen regionalen italienischen Salamispezialitäten. Sie wird aus rohem, mit Knoblauch und Pfeffer gewürztem Fleisch hergestellt und in Scheiben geschnitten als Vorspeise, auf Sandwiches oder als Beilage zu Salat gegessen.

Spinata romana
Spinata Romana ist eine Spezialität aus der Gegend um Rom. Diese große Salami mit ihrer länglichen, rechteckigen Form hat durch die Pfefferkörner und die großen Stücke Schweinefett eine auffällige Struktur. Sie schmeckt fein und mild.

Weiße Bohnensuppe *mit Vermicelli*

Eine nahrhafte, deftige Suppe, die am besten an kalten Winterabenden serviert wird.

250 g getrocknete Borlotti- oder Cannellini-Bohnen (über Nacht eingeweicht)
250 g Schweinebauch mit Schwarte
1 Zwiebel (fein gehackt)
1 Möhre (fein gehackt)
1 Stange Staudensellerie (fein gehackt)
1 Knoblauchzehe (durch die Presse gedrückt)
3 Petersilienzweige (fein gehackt)
1 Salbeizweig (gehackt)
1 Lorbeerblatt
Salz und frisch gemahlener schwarzer Pfeffer
200 g Vermicelli, Spaghetti oder Bandnudeln
2 Eßlöffel Olivenöl

Die Bohnen abtropfen lassen. Bohnen, Schweinebauch, Zwiebel, Möhre, Sellerie, Knoblauch, Petersilie, Salbei und Lorbeerblatt in einen großen Topf geben. So viel Wasser zugießen, daß alle Zutaten bedeckt sind. Aufkochen und bei mittlerer Hitze zugedeckt ca. 2 Stunden kochen lassen, bis die Bohnen weich sind.

1 Tasse Bohnen aus dem Topf nehmen und pürieren oder durch ein Sieb streichen. Bohnenpüree zurück in die Suppe geben. Mit Salz und Pfeffer würzen und erneut aufkochen.

Die Nudeln zugeben und in ca. 12 Minuten bißfest garen (al dente).

Den Schweinebauch aus der Suppe nehmen. Schwarte abschneiden und Fleisch in kleine Stücke schneiden. Kurz vor dem Servieren das Olivenöl in die Suppe träufeln. Schweinefleisch zugeben und schwarzen Pfeffer großzügig darübermahlen. In einer Terrine oder in Suppentellern anrichten.

4 – 6 Portionen
Vorbereitungszeit: *ca. 20 Minuten, plus Einweichzeit über Nacht*
Garzeit: *ca. 2 1/2 Stunden*

Tip: Dies ist nur eine von vielen Suppenvariationen, die aus verschiedenen getrockneten Bohnen und Nudeln zubereitet werden. Diese Suppen werden in Italien als *pasta con fagioli* oder *pasta e fagioli* bezeichnet.

Crostini

mit Hühnerleber-Pâté

Diese kleinen, knusprigen Brote können als leichter Snack oder als köstliche Vorspeise zu einem Abendessen serviert werden.

50 g Butter
1 kleine Zwiebel (fein gehackt)
1 – 2 Knoblauchzehen (durch die Presse gedrückt)
250 g Hühnerleber (alle Sehnen entfernt)
2 Sardellenfilets
1 Eßlöffel Schlagsahne
2 – 3 Eßlöffel Marsala
1 Prise Paprikapulver
Salz und Pfeffer
12 Scheiben Brot (1 cm dick, schräg von einem dünnen Baguette geschnitten)
Olivenöl zum Braten
2 – 3 Knoblauchzehen (halbiert)
1 Eßlöffel gehackte Petersilie zum Servieren
etwas Paprikapulver zum Garnieren (nach Wunsch)

Die Butter in einer Pfanne erhitzen. Zwiebel und Knoblauch darin weich dünsten, aber nicht bräunen. Hühnerleber zugeben und ca. 10 Minuten bei mittlerer Hitze braten, bis sie sich leicht verfärbt. Sardellenfilets zufügen.

Den Pfanneninhalt glatt pürieren. Schlagsahne und so viel Marsala zugießen, bis die Masse eine weiche, streichfähige Konsistenz erhält. Paprikapulver zugeben und die Leberpâté abschmecken. Warm stellen.

Die Brotscheiben in heißem Olivenöl auf beiden Seiten goldbraun braten. Je eine Seite mit Knoblauch einreiben und mit Leberpâté bestreichen.

Jede Scheibe kurz vor dem Servieren mit etwas gehackter Petersilie und nach Wunsch mit etwas Paprika bestreuen. Warm servieren.

4 Portionen
Vorbereitungszeit: *ca. 20 Minuten*
Garzeit: *20 – 30 Minuten*

Tip: Sie können das Brot auch im Ofen rösten. Dafür beide Brotseiten mit Knoblauch einreiben. Die Brote mit etwas Olivenöl bestreichen und auf einem Backblech im vorgeheizten Ofen bei 230 Grad, Gas Stufe 5, Umluft 210 Grad 12 – 15 Minuten backen. Die Scheiben 1- bis 2mal wenden, damit sie auf beiden Seiten goldbraun werden.

Gemüse-Antipasto

mit Paprikaschoten und Porree

Diese Vorspeise paßt wunderbar in die leichte, gesunde Küche. Der rauchige Geschmack von gerösteten Paprikaschoten und der pikante Porree sind eine köstliche Kombination.

Paprikasalat

4 rote, grüne und gelbe Paprikaschoten
4 Eßlöffel Olivenöl
1 Eßlöffel gehackte Petersilie
2 Knoblauchzehen (durch die Presse gedrückt oder gehackt)
Meersalz

Porree in Vinaigrette

500 g Porreestangen (gewaschen und geputzt)
Salz
6 Eßlöffel Olivenöl
1 Eßlöffel Zitronensaft
2 Eßlöffel Balsam- oder Weinessig
2 Knoblauchzehen (durch die Presse gedrückt)
Meersalz und frisch gemahlener schwarzer Pfeffer

Die Paprikaschoten unter dem Elektrogrill rösten, bis die Haut schwarz ist und Blasen wirft. Ab und zu wenden, damit die Schoten auf allen Seiten gleichmäßig geröstet werden. Zum Abkühlen in einen Gefrierbeutel geben. Häute abziehen.

Paprikaschoten halbieren, putzen und in dünne Streifen schneiden. Auf einer Servierplatte anrichten. Mit Olivenöl beträufeln. Petersilie und Knoblauch darüber verteilen. Etwas Meersalz darübermahlen.

Die Porreestangen in leicht gesalzenem, kochendem Wasser ca. 10 Minuten garen, bis sie weich sind. In einem Sieb abtropfen lassen und auf einer Servierplatte anrichten.

Für die Vinaigrette Olivenöl, Zitronensaft, Essig, Knoblauch, Salz und Pfeffer gut mischen. Über den Porree gießen. Warm oder kalt mit dem Paprikasalat und etwas frischem Ciabatta oder anderem knusprigen Brot servieren.

4 – 6 Portionen
Vorbereitungszeit: *ca. 30 Minuten*
Garzeit: *ca. 15 Minuten*

Parmaschinken

mit Feigen oder Melone

Parmaschinken schmeckt am besten mit frischen Feigen oder Melone und ist eine besonders schnell zubereitete, köstliche Vorspeise.

8 reife lila Feigen
4 Scheiben Parmaschinken oder anderer luftgetrockneter Schinken
frisch gemahlener schwarzer Pfeffer

Variation
1 süße reife Melone (gekühlt)
4 Scheiben Parmaschinken oder roher geräucherter Schinken
frisch gemahlener schwarzer Pfeffer

Die Feigen bis zum Stielansatz sternförmig einschneiden.

Den Schinken auf Tellern anrichten. Die Feigen darüber verteilen. Mit frisch gemahlenem schwarzen Pfeffer servieren.

Variation
Die Melone in Viertel schneiden und Kerne entfernen.

Die Schinkenscheiben über die Melonenviertel legen. Mit frisch gemahlenem schwarzem Pfeffer servieren.

4 Portionen
Vorbereitungszeit: *ca. 10 Minuten*

Tip: Dieses Antipasto ist einfach zuzubereiten. Verwenden Sie jedoch nur Zutaten bester Qualität. Probieren Sie verschiedene Melonensorten, z.B. Galia oder auch Charentaisemelonen sind sehr aromatisch. Sie können zudem unter einer Vielzahl an luftgetrockneten und geräucherten Schinken auswählen, auch *Coppa* oder *coppa crudo* (Schinken aus Schweineschulter) schmecken köstlich.

Zwiebelsuppe

auf italienischem Brot

Traditionelle italienische Brote, wie Ciabatta und Focaccia, werden mit Olivenöl zubereitet. Sie eignen sich gut für dieses aromatische Gericht.

750 g Zwiebeln (in Ringe geschnitten)
2 Eßlöffel Olivenöl
125 g Frühstücksspeck (gehackt)
einige Basilikumblätter (zerzupft)
Salz und Pfeffer
400 g Tomaten (gehäutet; siehe Seite 20; und zerdrückt)
3 Eier (verschlagen)
75 g Parmesan (gerieben)
4 Scheiben geröstetes Brot mit Olivenöl (z. B. Ciabatta oder Focaccia)
Basilikumblätter (in Streifen geschnitten) zum Garnieren

Die Zwiebeln in eine Schüssel geben und in kaltem Wasser über Nacht einweichen.

Das Öl in einem großen Topf erhitzen. Speck darin anbraten, bis er bräunt. Zwiebeln gut abtropfen lassen und mit Basilikum in den Topf geben. Mit Salz und Pfeffer würzen. Bei schwacher Hitze unter gelegentlichem Rühren ca. 20 Minuten garen.

Tomaten zufügen und die Suppe bei schwacher Hitze zugedeckt ca. 10 Minuten garen. Abschmecken. Eier und Parmesan verrühren und in den Topf geben. Sofort von der Kochstelle nehmen und kräftig rühren.

1 Scheibe geröstetes Brot in jede Suppenschüssel geben. Die Suppe darübergießen. Mit Basilikum garnieren und sofort servieren.

4 Portionen
Vorbereitungszeit: *ca. 20 Minuten, plus Einweichzeit über Nacht*
Garzeit: *ca. 30 Minuten*

Tip: Olivenölbrot gibt es in großen Supermärkten und bereits in vielen Bäckereien. Sie können es aber auch einfach selbst backen (siehe Seite 248 – 250). Dieses Gericht eignet sich gut zum Verarbeiten von nicht mehr ganz frischem Brot.

Fisch und Meeresfrüchte

Sardinen
mit Pinienkernen und Sardellen

75 – 100 ml Olivenöl
250 g frische Weißbrotkrumen
40 g Sultaninen (in heißem Wasser eingeweicht und abgetropft)
40 g Pinienkerne
1 Eßlöffel gehackte Petersilie
40 g Sardellen (Dose; abgetropft und gehackt)
1 Prise geriebene Muskatnuß
Salz und Pfeffer
750 g Sardinen (Köpfe und Rückengräten entfernt)
ca. 12 Lorbeerblätter
4 Eßlöffel Zitronensaft
Zitronenachtel zum Garnieren

4 – 5 Eßlöffel Olivenöl in einer Pfanne erhitzen und die Hälfte der Brotkrumen darin bei mittlerer Hitze unter häufigem Rühren goldbraun braten.

Von der Kochstelle nehmen. Sultaninen, Pinienkerne, Petersilie, Sardellen und Muskatnuß unterrühren. Mit Salz und Pfeffer würzen.

In jede Sardine etwas Mischung füllen und die Seiten zum Verschließen zusammendrücken. Sardinen nebeneinander in eine gefettete ofenfeste Form legen. Je ½ Lorbeerblatt zwischen die Fische legen.

Die restlichen Brotkrumen darüberstreuen und Olivenöl darüberträufeln. Im vorgeheizten Ofen bei 180 Grad, Gas Stufe 2 – 3, Umluft 160 Grad, ca. 30 Minuten backen. Zitronensaft kurz vor dem Servieren darüberträufeln. Mit Zitronenachteln garnieren und warm servieren.

4 Portionen
Vorbereitungszeit: *30 – 35 Minuten*
Garzeit: *40 – 50 Minuten*
Ofentemperatur: *180 Grad, Gas Stufe 2 – 3, Umluft 160 Grad*

Tip: Wenn Sie keine frischen Sardinen bekommen sollten, können Sie auch kleine Heringe verwenden.

Baby-Tintenfische
mit Spinat und Tomaten

2 – 3 Eßlöffel Olivenöl
1 Zwiebel (gehackt)
1 – 2 Knoblauchzehen (durch die Presse gedrückt)
1 frische Chilischote (gehackt)
1 Stange Staudensellerie (gehackt)
2 Eßlöffel gehackte Petersilie, zusätzlich etwas zum Garnieren
600 g Baby-Tintenfische (ausgenommen und in 1 cm dicke Ringe geschnitten)
2 Teelöffel Mehl
100 g Champignons (geviertelt oder in dicke Scheiben geschnitten)
400 g große Tomaten (gehäutet; siehe Seite 20; entkernt und gehackt)
500 g frischer Spinat (gehackt)
300 ml trockener Weißwein
Salz und Pfeffer

Das Öl in einem großen Topf erhitzen. Zwiebel, Knoblauch, Chili und Sellerie darin dünsten, bis die Zwiebel goldbraun ist.

Petersilie und Tintenfische ca. 10 Minuten mitbraten. Das Mehl gut unterrühren. Pilze, Tomaten, Spinat und Weißwein zugeben. Mit Salz und Pfeffer würzen.

Zugedeckt ca. 30 Minuten bei schwacher Hitze köcheln lassen, bis die Tintenfische fast gar sind. Dann das Gericht offen kochen lassen, bis die Soße eindickt und die Tintenfische zart sind.

Abschmecken und in eine vorgewärmte Servierschüssel füllen. Mit etwas gehackter Petersilie bestreuen und warm servieren.

4 Portionen
Vorbereitungszeit: *30 – 35 Minuten*
Garzeit: *50 – 55 Minuten*

Tip: Tintenfische werden bereits ausgenommen angeboten. Sollten Sie sie nicht bekommen, bitten Sie Ihren Fischhändler, die Tintenfische küchenfertig vorzubereiten. Tintenfisch muß, damit er nicht zäh wird, bei sehr schwacher Hitze langsam garen. Die Kochzeit hängt von der Größe ab. Dieses Gericht gelingt am besten mit Baby-Tintenfisch.

Fisch mit Safran,
gelben Paprikaschoten und Tomaten

Für dieses aromatische Gericht eignet sich besonders gut festes weißes Fischfleisch, etwa vom Kabeljau.

½ Teelöffel Safranfäden
650 g Kabeljaufilet oder anderes festes weißes Fischfleisch
1 Eßlöffel Mehl
3 Eßlöffel Öl
Salz und Pfeffer
2 gelbe Paprikaschoten (geputzt und in Streifen geschnitten)
2 Tomaten (gehackt)
1 kleine Zwiebel (fein gehackt)
1 Knoblauchzehe (fein gehackt)
1 Eßlöffel gehackte Petersilie
Polentascheiben zum Servieren (nach Wunsch; siehe Seite 180)

Die Safranfäden in etwas heißem Wasser einweichen.

Das Fischfilet in gleichgroße Stücke schneiden und mit Mehl bestäuben. Öl in einem großen, flachen Topf erhitzen. Den Kabeljau darin bei mittlerer Hitze auf beiden Seiten braten, bis er goldbraun ist.

Mit Salz und Pfeffer würzen. Herausnehmen und warm stellen.

Das vorbereitete Gemüse in den Topf geben und unter Rühren goldbraun braten. Mit 1 Prise Salz würzen. Bei mittlerer Hitze zugedeckt ca. 30 Minuten kochen lassen.

Nach der Hälfte der Kochzeit Safranflüssigkeit unterrühren.

Wenn das Gemüse fast gar ist, den Kabeljau zugeben und das Gericht mit gehackter Petersilie bestreuen. Warm und nach Wunsch mit Polentascheiben servieren.

4 Portionen
Vorbereitungszeit: *ca. 10 Minuten*
Garzeit: *ca. 35 Minuten*

Tip: Polenta ist eine wärmende und sättigende Beilage – die italienische Form von Kartoffelpüree. Sie wird aus Maismehl zubereitet und kann kalt, in Scheiben geschnitten, serviert werden.

Thunfisch

mit Sardellen und Pilzen

Thunfisch ist in Italien sehr beliebt und wird in vielen traditionellen Gerichten verwendet. Dieses Gericht ist herrlich unkompliziert zuzubereiten.

4 – 6 Eßlöffel Öl
2 – 3 Knoblauchzehen (durch die Presse gedrückt)
1 große Zwiebel (fein gehackt)
150 g Champignons (geviertelt oder in dicke Scheiben geschnitten)
6 – 8 Sardellenfilets (gehackt)
2 Eßlöffel gehackte Petersilie
1 Eßlöffel Mehl
300 ml trockener Weißwein
Pfeffer
1 Prise geriebene Muskatnuß
4 Thunfischsteaks (à 150 – 225 g, ca. 1 cm dick)

Das Öl in einem Topf erhitzen. Knoblauch und Zwiebel darin dünsten, bis das Gemüse gar und leicht gebräunt ist. Die Pilze zugeben und 2 – 3 Minuten mitbraten. Sardellen, Petersilie und Mehl gut unterrühren.

Den Wein zugießen. Unter Rühren aufkochen und 5 – 7 Minuten bei schwacher Hitze köcheln lassen.

Mit Pfeffer und Muskatnuß würzen. Das Gericht sollte durch die Sardellen salzig genug sein.

Die Thunfischsteaks in eine feuerfeste Form legen und die Soße darübergießen. Abdecken und im vorgeheizten Ofen bei 190 Grad, Gas Stufe 3, Umluft 170 Grad 40 – 45 Minuten backen. Warm servieren.

4 Portionen
Vorbereitungszeit: *15 – 20 Minuten*
Garzeit: *55 – 60 Minuten*
Ofentemperatur: *190 Grad, Gas Stufe 3, Umluft 170 Grad*

Tip: Für dieses Rezept können anstelle von Thunfischsteaks auch sehr gut Schwertfisch- oder Heilbuttsteaks verwendet werden.

Fischsteaks

mit Tomaten-Knoblauch-Soße

4 Steaks von weißfleischigem Fisch (à ca. 150 g, z. B. Rotbarsch, Kabeljau oder Seeteufel)
3 Eßlöffel Olivenöl

Marinade

5 Eßlöffel Olivenöl
Saft von ½ Zitrone
1 Eßlöffel fein gehackte Petersilie

Tomatensoße

2 Eßlöffel Olivenöl
4 Knoblauchzehen (gehackt)
750 g Tomaten (gehäutet; siehe Seite 20; und gehackt)
4 Sardellenfilets (gehackt)
Salz und frisch gemahlener schwarzer Pfeffer
1 Eßlöffel gehackter frischer Oregano zum Garnieren

Die Fischsteaks unter fließendem kaltem Wasser waschen und mit Küchenpapier trockentupfen. Alle Zutaten für die Marinade in einer Schüssel gut mischen.

Den Fisch in die Marinade legen und darin wenden. Abdecken und mindestens 1 Stunde kühl stellen.

Das Olivenöl in einer großen Pfanne erhitzen. Fischsteaks aus der Marinade nehmen und bei mittlerer Hitze braten, bis das Fleisch gar und auf beiden Seiten goldbraun ist. Einmal wenden. Den Fisch aus der Pfanne nehmen und warm stellen.

Während die Steaks garen, die Tomatensoße zubereiten. Olivenöl in einem Topf erhitzen und den Knoblauch darin goldbraun braten.

Tomaten und gehackte Sardellen unterrühren. Bei mittlerer Hitze kochen lassen, bis die Soße eindickt.

Mit Salz und Pfeffer würzen. Die Soße über den Fisch gießen und das Gericht mit Oregano bestreuen.

4 Portionen
Vorbereitungszeit: *ca. 15 Minuten, plus 1 Stunde Marinierzeit*
Garzeit: *ca. 15 Minuten*

SUPERIORE
PRODUCE OF ITALY

Seezunge

in Marsala mit Parmesan

In diesem Rezept ergibt die Mischung aus Käse und Wein eine reichhaltige, köstliche Soße. Statt Seezunge können Sie auch Rotzunge nehmen.

Mehl zum Bestäuben
Salz und frisch gemahlener schwarzer Pfeffer
4 mittelgroße See- oder Rotzungenfilets (ohne Haut)
75 g Butter
25 g Parmesan (gerieben)
50 ml Fischfond (siehe Seite 11)
3 Eßlöffel Marsala oder Weißwein

Zum Servieren

geriebener Parmesan
einige Zweige glatte Petersilie
Zitronenachtel

Etwas Mehl in eine flache Schüssel geben und mit Salz und Pfeffer würzen. Die Seezungenfilets darin wenden, so daß sie von beiden Seiten leicht bestäubt sind. Überschüssiges Mehl abschütteln.

Butter in einer großen Pfanne erhitzen. Den Fisch darin bei mittlerer Hitze von beiden Seiten goldbraun braten; einmal wenden.

Parmesan über den Fisch streuen und die Filets bei schwacher Hitze 2 – 3 Minuten braten, bis der Käse geschmolzen ist.

Fischfond und Marsala oder Weißwein zugießen. Zudecken und bei sehr schwacher Hitze 4 – 5 Minuten kochen, bis das Fleisch gar und die Flüssigkeit etwas verkocht ist. Mit Parmesan bestreuen und mit Zitronenachteln garniert servieren.

4 Portionen
Vorbereitungszeit: *ca. 5 Minuten*
Garzeit: *ca. 12 Minuten*

Fischeintopf

mit schwarzen Oliven

Für dieses sizilianische Rezept eignen sich Sardinen, Thunfisch, Schwertfisch, Meeräsche und Kabeljau.

250 g Miesmuscheln
75 ml Olivenöl
1 Zwiebel (in dünne Ringe geschnitten)
2 Knoblauchzehen (durch die Presse gedrückt)
2 Möhren (in Streifen geschnitten)
400 g Pizzatomaten (Dose)
125 g schwarze Oliven
1 Lorbeerblatt
Salz und frisch gemahlener schwarzer Pfeffer
4 Scheiben Weißbrot
1 kg gemischtes Fleisch von Fisch und Meeresfrüchten (z. B. von weißfleischigem Fisch, Barben, Jakobsmuscheln, Garnelen; küchenfertig vorbereitet oder in Stücke geschnitten)
2 Eßlöffel fein gehackte Petersilie zum Garnieren

Die Muscheln mit kaltem Wasser bedecken und alle geöffneten oder solche, die an der Oberfläche schwimmen, wegwerfen. Muscheln abbürsten, Bärte entfernen und mit frischem kaltem Wasser bedecken.

2 Eßlöffel Olivenöl in einem großen Topf erhitzen. Zwiebel, Knoblauch und Möhren darin ca. 5 Minuten dünsten, bis das Gemüse gar ist. Tomaten, Oliven und Lorbeerblatt zugeben. Mit Salz und Pfeffer würzen. Zirka 15 Minuten bei mittlerer Hitze kochen lassen.

Die Weißbrotscheiben rund zuschneiden. Das restliche Öl in einer Pfanne erhitzen und das Brot darin auf beiden Seiten knusprig und goldbraun braten. Herausnehmen, auf Küchenpapier abtropfen lassen und warm stellen.

Den vorbereiteten Fisch in den Eintopf geben und ca. 5 Minuten mitgaren. Muscheln aus dem Wasser nehmen, zugeben und ca. 10 Minuten sanft kochen lassen, bis sie sich öffnen. Alle ungeöffneten Muscheln herausnehmen und wegwerfen. Lorbeerblatt herausnehmen. Je 1 Scheibe Brot in einen tiefen Teller oder eine große, flache Suppenschüssel legen. Den Fischeintopf darübergeben. Mit Petersilie bestreuen und sofort mit reichlich knusprigem Brot servieren.

4 Portionen
Vorbereitungszeit: *ca. 30 Minuten*
Garzeit: *ca. 35 Minuten*

Riesengarnelen
in Senfsahne

Servieren Sie dieses reichhaltige Gericht zu einem besonderen Anlaß, denn Riesengarnelen sind nicht ganz billig. Zum Flambieren eignet sich Grappa am besten.

50 g Butter
24 rohe Riesengarnelen (geschält und entdarmt)
2 Eßlöffel Grappa oder Weinbrand
200 g Crème double
2 – 3 Teelöffel französischer Senf
Salz und weißer Pfeffer

Zum Garnieren

1 Eßlöffel gehackte Petersilie
Zitronenachtel

Die Butter in einer Pfanne erhitzen und die Garnelen darin einige Minuten anbraten. Den Grappa erhitzen, über die Garnelen gießen und anzünden.

Wenn die Flammen verloschen sind, die Crème double unterrühren. Nach Geschmack mit Senf sowie Salz und Pfeffer würzen.

Alles 4 – 5 Minuten bei mittlerer Hitze kochen lassen, bis die Garnelen gar, aber noch nicht zäh sind.

In eine vorgewärmte Servierschüssel füllen. Mit gehackter Petersilie bestreuen und dazu Reis servieren.

4 Portionen
Vorbereitungszeit: *ca. 15 Minuten*
Garzeit: *12 – 15 Minuten*

Tip: Preisgünstiger wird das Gericht, wenn Sie 500 g geschälte kleine Garnelen verwenden. Dann die Crème double vorher in 4 – 5 Minuten leicht einkochen und über die flambierten Garnelen gießen.

Frittura mista

Fritierter gemischter Fisch

In der Adria sind viele Fischarten heimisch – sie alle eignen sich für dieses Fischgericht.

125 – 175 g küchenfertiger Tintenfisch (in Ringe geschnitten)
125 – 175 g kleine Heringe
125 – 175 g große Garnelen
125 – 175 g Schollenfilets (ohne Haut; in 1 cm breite Streifen geschnitten)
125 g Weizenmehl
Salz und Pfeffer
Öl zum Fritieren
1 – 2 Zitronen (in Scheiben geschnitten oder geviertelt) zum Garnieren
einige Zweige glatte Petersilie zum Garnieren

Alle Fischsorten waschen und mit Küchenpapier trockentupfen. Das Mehl mit Salz und Pfeffer würzen.

Das Öl in einem tiefen Topf so stark erhitzen, bis ein Brotstückchen darin in 30 Sekunden bräunt.

Den Fisch portionsweise im gewürzten Mehl wenden und goldbraun fritieren.

Bereits fritierten Fisch auf Küchenpapier gut abtropfen lassen. Auf einem vorgewärmten Servierteller anrichten und warm stellen.

Den Fisch mit etwas Salz bestreuen. Zum Servieren mit Zitrone und Petersilie garnieren.

4 Portionen
Vorbereitungszeit: *30 – 40 Minuten*
Garzeit: *15 – 20 Minuten*

Tip: Für dieses Gericht können Sie beliebige kleine Fischsorten oder auch Stücke von Fischen und Meeresfrüchten verwenden – z. B. Stücke von Rochen oder Seeteufel, Miesmuscheln und Jakobsmuscheln (gegart und ohne Schale) oder kleine, geschälte Garnelen.

Überbackene Muscheln

Wenn Sie frische Miesmuscheln bekommen, sollten Sie dieses typische Gericht unbedingt ausprobieren.

2 kg Miesmuscheln
1 Bouquet garni
Salz und frisch gemahlener schwarzer Pfeffer
125 ml trockener Weißwein
2 Eßlöffel fein gehackte Schalotte
1 Knoblauchzehe (durch die Presse gedrückt)
2 Eßlöffel gehackte Petersilie
75 g frische Brotkrumen
3 Eßlöffel geriebener Parmesan
25 g Butter

Die Muscheln mit kaltem Wasser bedecken und alle geöffneten oder solche, die an der Oberfläche schwimmen, wegwerfen. Muscheln abbürsten, Bärte entfernen und bis zur Zubereitung mit frischem kaltem Wasser bedecken.

Die abgetropften Muscheln, das Bouquet garni, etwas Salz und Pfeffer in einen tiefen Topf geben. 125 ml Wasser und Wein zugießen. Zudecken und bei mittlerer Hitze garen, bis sich die Muscheln öffnen. Topf ab und zu schwenken. Alle ungeöffneten Muscheln herausnehmen und wegwerfen. Die Muscheln abgießen und Garflüssigkeit auffangen.

Die leere Hälfte der Muschelschale abtrennen und wegwerfen. Restliche Schalen mit der Fleischseite nach oben in eine ofenfeste Form legen. Mit Schalotte, Knoblauch, Petersilie, Brotkrumen und Parmesan bestreuen.

Die Garflüssigkeit von den Muscheln auf die Hälfte einkochen. In die Form um die Muscheln gießen. Die Butter in Flöckchen darüber verteilen. Muscheln im vorgeheizten Ofen bei 180 Grad, Gas Stufe 2 – 3, Umluft 160 Grad ca. 15 Minuten backen. Sofort servieren.

4 Portionen
Zubereitungszeit: *ca. 30 Minuten*
Garzeit: *15 – 20 Minuten*
Ofentemperatur: *180 Grad, Gas Stufe 2 – 3, Umluft 160 Grad*

Gegrillte Muscheln
mit Tomaten und Paprikaschoten

Dieses Gericht ist einfach und schnell zuzubereiten. Es sieht zudem sehr hübsch aus und ist eine preisgünstige Vorspeise.

2 kg Miesmuscheln
200 ml Weißwein
½ rote Paprikaschote (geputzt und gehackt)
2 Knoblauchzehen (durch die Presse gedrückt)
4 Eßlöffel fein gehackte Petersilie
400 g Pizzatomaten (Dose)
5 Eßlöffel frische Weißbrotkrumen
2 Eßlöffel Olivenöl
Salz und frisch gemahlener schwarzer Pfeffer
1 Eßlöffel geriebener Parmesan
Petersilie (fein gehackt) zum Garnieren

Die Muscheln mit kaltem Wasser bedecken und alle geöffneten oder solche, die an der Oberfläche schwimmen, wegwerfen. Muscheln unter fließendem kaltem Wasser abbürsten und Bärte entfernen. Muscheln und Wein in einen großen Topf geben. Gut zugedeckt aufkochen lassen.

Die Muscheln bei mittlerer Hitze einige Minuten zugedeckt kochen, bis sie sich öffnen. Topf ab und zu schwenken. Alle Muscheln, die sich nicht geöffnet haben, wegwerfen. Von den restlichen Muscheln die leere Hälfte der Muschelschale abtrennen und wegwerfen.

Paprikaschote, Knoblauch, Petersilie, Tomaten und 4 Eßlöffel Brotkrumen in einer Schüssel mischen. 1 Eßlöffel Olivenöl unterrühren. Mit Salz und etwas frisch gemahlenem schwarzem Pfeffer würzen.

Auf jede Muschel etwas Mischung geben. Die Muscheln in eine ofenfeste Form legen. Geriebenen Parmesan und restliche Brotkrumen darüberstreuen. Alles mit etwas Olivenöl beträufeln und im vorgeheizten Ofen bei 230 Grad, Gas Stufe 5, Umluft 210 Grad 8 – 10 Minuten backen. Den Grill zuschalten und die Muscheln weitergrillen, bis die Oberfläche bräunt. Zum Servieren mit Petersilie bestreuen.

4 – 6 Portionen
Vorbereitungszeit: *ca. 30 Minuten*
Garzeit: *ca. 10 Minuten*
Ofentemperatur: *230 Grad, Gas Stufe 5, Umluft 210 Grad*

Pasta und Gnocchi

Frische Nudeln

Cannelloni verde
Cannelloni sind große Nudelröhren, die mit unterschiedlichen Zutaten gefüllt werden können und mit einer Käsesoße überbacken serviert werden. *Cannelloni verde* sind mit Spinat grün gefärbt.

Lasagne
Lasagne heißen sowohl die flachen Teigplatten als auch das fertige Gericht. Meist werden die Teigplatten vorgekocht, mit Fleischsoße, Käse, Gemüse in eine Form geschichtet und gebacken.

Figurennudeln
Sie sind besonders bei Kindern beliebt und eignen sich gut für Partygerichte.

Taglierini
Taglierini sind hauchdünn ausgerollte und zu langen schmalen Bändern geschnittene Nudeln und eignen sich für Suppen.

Ravioli
Ravioli entstehen aus einem Stück Nudelteig, das mit Fleisch, Käse oder Gemüse

gefüllt wird. In Italien haben sie meist die Form eines Halbmondes. Ravioli werden immer mit Soße serviert.

Caramelle
Nudelteig mit einer Füllung aus Spinat und Ricotta, der zu einem Bonbon geformt ist.

Tortellini
Auch Tortelloni, die zu Öhrchen gebogenen gefüllten Nudeln, enthalten meist eine Mischung aus Spinat und Ricotta. Man serviert sie mit Soße oder Butter und reichlich frisch gemahlenem Pfeffer.

Agnolini
Dies sind kleine Ravioli mit unterschiedlichen Füllungen. Dazu paßt Fleisch oder Sahnesoße.

Linguine verde
Linguine sind schmale Bandnudeln, die oft als erster Hauptgang mit Pesto oder auch als Beilage zu Fischgerichten gereicht werden.

Cappelletti
Die kleinen Teighütchen können verschiedene Füllungen wie Ricotta und Spinat enthalten.

Frische Nudeln
– hausgemacht

Die Mengen für dieses Grundrezept reichen für 4 Personen.

300 g Weizenmehl
1 Prise Salz
3 Eier
1 Eßlöffel Olivenöl
Mehl zum Bestäuben

Mehl und Salz auf die Arbeitsfläche sieben. In der Mitte eine Mulde formen und Eier hineingeben. Nach und nach die Zutaten mit den Händen gut mischen. Das Olivenöl zugeben und kneten, bis ein weicher Teig entstanden ist. Oder den Teig in der Küchenmaschine zubereiten.

Den Teig auf die leicht bemehlte Arbeitsfläche legen und weiterkneten, bis er sehr geschmeidig und glänzend ist. Ausrollen, dabei ab und zu drehen und in die Länge ziehen, bis er wie ein dickes Stück Stoff aussieht und fast durchsichtig ist.

Den Pastateig über eine Stuhllehne oder eine dicke Stange hängen und ca. 10 Minuten trocknen lassen. Oder den Teig auf die Tischkante legen, so daß ⅓ nach unten hängt. Häufig drehen, damit er vollständig trocknet.

Das Teigstück aufrollen und quer in Scheiben schneiden – für Fettuccine 3 mm und für Tagliatelle 5 mm breit. Die Scheiben auseinanderrollen und die Bandnudeln vorsichtig in etwas Mehl wenden. Vor dem Kochen in Salzwasser mindestens 30 Minuten auf einem Stück Stoff trocknen lassen. Mit Soße oder einfach mit Olivenöl, Knoblauch, Salz, Pfeffer und Petersilie gemischt servieren.

4 Portionen
Vorbereitungszeit: *ca. 1 Stunde*
Garzeit: *2 – 3 Minuten*

Tip: Für Lasagne schneiden Sie einfach rechteckige Platten aus dem Teig. Für Ravioli stechen Sie Kreise aus.

Fritierte Pasta

aus der Toskana

Ein traditionelles Pasta-Rezept aus der Toskana. Diese knusprigen, leckeren Teigteilchen sind ideal zum Knabbern und können mit würzigen Soßen und Dips serviert werden.

½ Teelöffel Trockenhefe
¼ Teelöffel Zucker
500 g Weizenmehl
Salz
25 g Butter
150 ml warme Hühnerbrühe (siehe Seite 11)
Öl zum Fritieren
frisch gemahlener schwarzer Pfeffer

Hefe und Zucker in etwas Wasser auflösen. Zirka 10 Minuten stehen lassen.

Mehl und etwas Salz auf die Arbeitsfläche sieben. Die Hefemasse untermischen. Butter und ausreichend Brühe zugeben und kneten, bis ein weicher Teig entsteht. Diesen relativ dick ausrollen.

Die Teigränder zur Mitte hin falten und Teig wieder mit dem Nudelholz ausrollen.

Diesen Vorgang mindestens fünfmal wiederholen. Den Teig ca. 5 mm dick ausrollen und in kleine schmale Rechtecke schneiden.

Jeweils einige Stücke in heißem Öl fritieren, bis sie goldbraun und aufgegangen sind. Auf Küchenpapier abtropfen lassen und die nächsten Teigstücke fritieren. Alle mit Salz und Pfeffer bestreuen und heiß servieren.

6 Portionen
Vorbereitungszeit: *ca. 1 Stunde, plus 10 Minuten Ruhezeit für Hefe*
Garzeit: *20 – 30 Minuten, je nach Anzahl*

Penne

mit Chilisoße

Nudeln mit Chilisoße sind ein italienischer Klassiker. In diesem Rezept werden Chilis sparsam verwendet, so daß es auch diejenigen genießen können, die Chilischärfe nicht gewohnt sind.

1 – 2 Teelöffel Olivenöl
1 große Zwiebel (fein gehackt)
2 Knoblauchzehen (durch die Presse gedrückt)
125 g durchwachsener Speck ohne Schwarte (gehackt)
1 – 2 frische rote Chilis (gehackt)
400 g Pizzatomaten (Dose)
50 – 75 g Pecorino oder Parmesan (in Späne gehobelt)
Salz und Pfeffer
500 g Penne

Das Öl in einer Pfanne erhitzen. Zwiebel, Knoblauch und Speck darin braten, bis die Zutaten leicht gebräunt sind.

Chilis, Tomaten und 25 g Käse zugeben. Mit Salz und Pfeffer würzen. Bei schwacher Hitze 30 – 40 Minuten kochen lassen, bis die Soße etwas eingedickt ist. Abschmecken.

Die Nudeln nach Packungsanweisung bißfest garen. Abgießen, abtropfen lassen und in eine vorgewärmte Servierschüssel geben.

Den größten Teil der Soße gut unter die Nudeln mischen und die übrige Soße darübergeben. Mit Käsespänen garnieren. Übrigen Käse separat dazu servieren.

4 Portionen
Vorbereitungszeit: *15 – 20 Minuten*
Garzeit: *50 – 60 Minuten*

Tip: Sie können rote oder grüne Chilis kaufen, wobei die roten die schärfere Sorte sind. Wer die Soße milder bevorzugt, halbiert die Chilis längs und entfernt die Samen mit der Spitze eines kleinen Küchenmessers. Waschen Sie sich nach dem Verarbeiten von Chilis gründlich die Hände, da deren Saft beißend scharf ist und vor allem niemals ins Gesicht oder in die Augen gelangen sollte.

Trenette

mit Sardellen und Tomaten

Die Sardellen in diesem Rezept passen wunderbar zu den Paprikaschoten und Tomaten.

4 – 6 Eßlöffel Olivenöl
2 große Zwiebeln (fein gehackt)
2 Knoblauchzehen (durch die Presse gedrückt)
1 rote Paprikaschote (geputzt, gehäutet und in Streifen geschnitten)
400 g Eiertomaten (Dose; gehackt)
40 g Sardellenfilets (Dose; abgetropft und gehackt)
Pfeffer
1 Prise Zucker
500 g Trenette
Salz
8 Eßlöffel geriebener Parmesan
1 Eßlöffel fein gehackte Petersilie zum Garnieren

Die Hälfte des Öls in einer Pfanne erhitzen. Zwiebeln und Knoblauch darin braten, bis beides weich und goldbraun ist.

Paprikastreifen zugeben und braten, bis sie gar sind. Tomaten und Sardellen zufügen, mit Pfeffer würzen und Zucker unterrühren. Einige Minuten kochen lassen, bis die Tomaten und Sardellen gar sind.

In der Zwischenzeit die Nudeln nach Packungsanleitung bißfest garen. Abgießen und abtropfen lassen.

Die Nudeln in eine heiße Servierschüssel geben. Etwas Soße, die Hälfte des Parmesans und das übrige Öl unterrühren.

Die restliche Soße unmittelbar vor dem Servieren darübergießen und die gehackte Petersilie darüberstreuen. Den restlichen Parmesan separat dazu servieren.

4 Portionen
Vorbereitungszeit: *15 – 20 Minuten*
Garzeit: *ca. 40 Minuten*

Tip: Eine Paprikaschote häuten Sie, indem Sie die halbierte oder geviertelte Frucht unter dem vorgeheizten Elektrogrill rösten, bis die Haut schwarz wird und Blasen wirft. Dann läßt sie sich mit einem scharfen Messer abziehen.

Spaghetti *mit Sardinen, Sardellen und Fenchel*

Dieses Nudelgericht ist ein kulinarisches Erlebnis.

- 1 Fenchelknolle (geviertelt)
- 8 – 10 Eßlöffel Olivenöl
- 2 Knoblauchzehen (durch die Presse gedrückt)
- 500 g Sardinen (vorbereitet; siehe Tip)
- 2 große Zwiebeln (in feine Scheiben geschnitten)
- 1 Eßlöffel Sultaninen
- 1 Eßlöffel Pinienkerne
- 6 Sardellenfilets (gehackt)
- 2 Eßlöffel gehackte Petersilie
- 150 ml Weißwein oder Fischbrühe (siehe Seite 11)
- 500 g Spaghetti
- Salz
- Weißbrotkrumen (leicht geröstet)
- frisch gemahlener schwarzer Pfeffer

Den Fenchel in kochendem Salzwasser bißfest garen. Abgießen und gut abtropfen lassen. Kochflüssigkeit auffangen und beiseite stellen. Den Fenchel grob hacken.

3 Eßlöffel Öl in einer Pfanne erhitzen und den Knoblauch darin bei schwacher Hitze goldbraun braten. Die Sardinen zugeben und bei schwacher Hitze ca. 10 Minuten erhitzen.

In der Zwischenzeit 3 weitere Eßlöffel Öl in einem Topf erhitzen. Die Zwiebeln darin braten, bis sie weich und goldbraun sind. Fenchel, Sultaninen, Pinienkerne, Sardellen, Petersilie und Wein bzw. Brühe zugeben. Etwas würzen. Bei mittlerer Hitze ca. 10 Minuten kochen.

Die Spaghetti in dem Fenchelwasser, mit Salzwasser ergänzt, nach Packungsanweisung bißfest garen. Abgießen, abtropfen lassen und die Hälfte in eine ofenfeste Form geben. Mit der Hälfte der Sardinen sowie etwas Zwiebeln und Fenchel bedecken.

Die Schichtung wiederholen. Brotkrumen sowie etwas Öl darübergeben. Das Gericht im vorgeheizten Ofen bei 200 Grad, Gas Stufe 3 – 4, Umluft 180 Grad ca. 20 Minuten backen. Sofort mit frisch gemahlenem schwarzem Pfeffer bestreut servieren.

4 Portionen
Vorbereitungszeit: *ca. 10 Minuten*
Garzeit: *ca. 1 Stunde*
Ofentemperatur: *200 Grad, Gas Stufe 3 – 4, Umluft 180 Grad*

Spaghetti alla carbonara

In diesem klassischen italienischen Gericht sorgen die Zutaten Eier und Speck aus der bäuerlichen Küche für das köstliche Ergebnis.

Salz
Öl (nach Wunsch)
500 g Spaghetti
8 Scheiben durchwachsener Speck
2 Eßlöffel Olivenöl
3 Eier (verschlagen)
frisch gemahlener schwarzer Pfeffer
3 Eßlöffel Schlagsahne
50 g Parmesan (gerieben)
2 Eßlöffel fein gehackte Petersilie zum Garnieren (nach Wunsch)

Salzwasser in einem Topf zum Kochen bringen. Nach Wunsch etwas Öl zugeben, damit die Spaghetti nicht zusammenkleben.

Sobald das Wasser sprudelnd kocht, die Spaghetti hineingeben und nach Packungsanweisung bißfest garen. Abgießen und abtropfen lassen.

In der Zwischenzeit die Speckscheiben kleinschneiden. Olivenöl in einer großen Pfanne erhitzen und den Speck darin goldbraun braten.

Die abgetropften Spaghetti zugeben. Eier, Salz, Pfeffer und Sahne vorsichtig unterrühren.

Bei schwacher Hitze sehr behutsam mischen, bis die Eimasse stockt.

Den größten Teil des Parmesans untermischen und die Nudeln sofort heiß servieren. Mit dem übrigen Parmesan bestreuen und mit gehackter Petersilie (nach Wunsch) garnieren.

4 Portionen
Vorbereitungszeit: *ca. 5 Minuten*
Garzeit: *15 – 20 Minuten*

Spaghetti alla bolognese

Die schöne Stadt Bologna ist für ihre exzellenten Nudeln bekannt und Heimat vieler klassischer italienischer Rezepte.

Fleischsoße
4 Eßlöffel Olivenöl
1 Zwiebel (fein gehackt)
1 Knoblauchzehe (durch die Presse gedrückt)
4 Scheiben durchwachsener Speck (die Schwarte entfernt, gehackt)
1 Möhre (gewürfelt)
1 Stange Staudensellerie (gewürfelt)
500 g mageres Rinderhackfleisch
150 ml Rotwein
Salz und frisch gemahlener schwarzer Pfeffer
125 ml Milch
Muskatnuß (gerieben)
400 g Pizzatomaten (Dose)
1 Eßlöffel Zucker
1 Teelöffel frischer gehackter Oregano

500 g Spaghetti
Salz
1 Teelöffel Olivenöl
frisch gemahlener schwarzer Pfeffer
50 g Parmesan (gerieben) zum Garnieren (nach Wunsch)

Für die Soße das Öl in einem Topf oder einer tiefen Pfanne erhitzen. Zwiebel, Knoblauch, Speck, Möhre und Sellerie darin braten, bis die Zutaten gar und goldbraun sind. Das Hackfleisch zugeben und unter gelegentlichem Rühren krümelig braten.

Den Rotwein zugießen und aufkochen. Den Großteil des Weins bei mittlerer Hitze verkochen lassen. Mit Salz und frisch gemahlenem schwarzem Pfeffer würzen.

Die Milch und etwas geriebene Muskatnuß zugeben und gut umrühren. Weiterkochen, bis die Fleischmischung sämig ist. Tomaten, Zucker und Oregano unterrühren. Die Soße bei schwacher Hitze offen 2 – 2 ½ Stunden kochen, bis sie dicklich eingekocht ist.

Die Spaghetti in Salzwasser mit Öl nach Packungsanweisung bißfest garen. Abgießen, abtropfen lassen und mit Pfeffer würzen. Die Fleischsoße darübergeben und den Parmesan separat dazu servieren.

4 Portionen
Vorbereitungszeit: *ca. 10 Minuten*
Garzeit: *2 ½ – 3 Stunden*

Spaghetti alle vongole

Dies ist das ideale Rezept für die Muschelsaison. Versuchen Sie, wenn möglich, Venusmuscheln zu bekommen. Ansonsten können Sie auch frische Miesmuscheln oder Herzmuscheln verwenden.

2 kg frische Venusmuscheln (abgebürstet und gesäubert; siehe Tip)
7 Eßlöffel Olivenöl
1 Knoblauchzehe (geschält und in Scheiben geschnitten)
400 g Tomaten (gehäutet; siehe Seite 20; und püriert)
400 g Spaghetti
Salz
1 Eßlöffel gehackte Petersilie
frisch gemahlener schwarzer Pfeffer

Muscheln mit 7 Eßlöffeln Wasser in eine große Pfanne geben und kochen, bis sich die Schalen öffnen. Muscheln herausnehmen und das Fleisch aus den Schalen lösen, beiseite stellen. Garflüssigkeit durch ein Sieb gießen und ebenfalls beiseite stellen.

Das Öl in einer schweren Pfanne erhitzen. Knoblauch darin bei schwacher Hitze ca. 5 Minuten braten; herausnehmen und wegwerfen. Tomaten und Muschelgarflüssigkeit in die Pfanne geben und ca. 20 Minuten sanft kochen lassen. Gelegentlich umrühren. In der Zwischenzeit die Spaghetti nach Packungsanleitung bißfest garen. Abgießen und abtropfen lassen.

Muscheln und Petersilie in die Tomatensoße geben und ca. 1 Minute erhitzen. Die Spaghetti in eine vorgewärmte Servierschüssel geben. Die Soße darübergießen. Nudeln mit 1 Prise Pfeffer würzen, vorsichtig mischen und sofort servieren.

4 Portionen
Vorbereitungszeit: *ca. 10 Minuten*
Garzeit: *ca. 40 Minuten*

Tip: Frische Muscheln in der Schale sollten gründlich abgebürstet werden. Um festzustellen, ob sie noch leben und für den Verzehr geeignet sind, auf die Schale klopfen: Die Muschel sollte sich sofort schließen.

Tagliatelle
mit Tomaten-Basilikum-Soße

Eine einfache, aber dennoch köstliche Nudelsoße. Die Kombination von Tomaten, Basilikum und Oliven verleiht ihr einen vollen Geschmack.

- 4 Eßlöffel Olivenöl
- 2 Zwiebeln (gehackt)
- 2 Knoblauchzehen (durch die Presse gedrückt)
- 500 g Eiertomaten (gehäutet; siehe Seite 20; und gehackt)
- 2 Eßlöffel Tomatenmark
- 1 Teelöffel Zucker
- 100 ml trockener Weißwein
- einige schwarze Oliven (entsteint und geviertelt)
- 1 Handvoll zerzupfte Basilikumblätter
- Salz und frisch gemahlener schwarzer Pfeffer
- 400 g Tagliatelle
- 50 g Parmesan (in große Späne gehobelt)

3 Eßlöffel Olivenöl in einer großen Pfanne erhitzen. Zwiebeln und Knoblauch zugeben und bei schwacher Hitze unter gelegentlichem Rühren braten, bis die Zwiebeln weich und leicht gebräunt sind.

Tomaten und Tomatenmark, Zucker und Wein einrühren. Bei schwacher Hitze kochen, bis die Mischung eindickt. Oliven und Basilikum zugeben. Mit Salz und reichlich frisch gemahlenem schwarzem Pfeffer würzen.

In der Zwischenzeit die Tagliatelle in einem großen Topf mit Salzwasser nach Packungsanleitung bißfest garen.

Die Nudeln abgießen und abtropfen lassen. Restliches Olivenöl sowie reichlich schwarzen Pfeffer untermischen. Die Nudeln auf 4 Servierteller verteilen, Soße darübergießen und mischen. Mit Parmesanspänen garniert servieren.

4 Portionen
Vorbereitungszeit: *ca. 10 Minuten*
Garzeit: *ca. 20 Minuten*

Tagliatelle

mit Borlotti-Bohnen und Salbei

Salbei ist in der italienischen Küche sehr beliebt. Er verleiht den Gerichten ein leicht bitteres Aroma. Salbei harmoniert besonders gut mit Bohnen, Tomaten, Knoblauch und Olivenöl.

3 Eßlöffel Olivenöl
75 g geräucherter Bauchspeck (gewürfelt)
1 Zwiebel (fein gehackt)
5 Salbeiblätter
250 g Borlotti-Bohnen (Dose)
2 Eßlöffel Hühnerbrühe (siehe Seite 11)
¼ Teelöffel Mehl
1 Eßlöffel Tomatenmark
2 Eßlöffel Rotwein
400 g Tagliatelle
Salz und frisch gemahlener schwarzer Pfeffer
2 Eßlöffel geriebener Parmesan
1 Eßlöffel geriebener Pecorino
Salbeiblätter zum Garnieren (nach Wunsch)

Das Öl in einer großen Pfanne erhitzen. Speck, Zwiebel und ganze Salbeiblätter zugeben. Bei mittlerer Hitze braten, bis die Zutaten goldbraun sind.

Borlotti-Bohnen abtropfen lassen, spülen und nochmals abtropfen lassen. In die Pfanne geben.

Hühnerbrühe erhitzen. Mehl und Tomatenmark in einer kleinen Schüssel mischen. Heiße Brühe und Rotwein unterrühren.

Diese Flüssigkeit zur Bohnenmischung gießen, mit einem Holzlöffel umrühren und bei schwacher Hitze köcheln lassen, bis die Soße eindickt.

Die Tagliatelle nach Packungsanweisung bißfest garen.

Salbeiblätter aus der Soße nehmen und die Soße abschmecken. Nudeln abgießen und abtropfen lassen. Mit der Soße mischen und auf einen vorgewärmten Servierteller füllen. Den Käse darübergeben. Das Gericht heiß, nach Wunsch mit einigen frischen Salbeiblättern garniert, servieren.

4 Portionen
Vorbereitungszeit: *ca. 10 Minuten*
Garzeit: *ca. 30 Minuten*

Linguine
mit Miesmuscheln in Tomatensoße

2 kg Miesmuscheln
3 Eßlöffel Olivenöl
1 Zwiebel (gehackt)
3 Knoblauchzehen (durch die Presse gedrückt)
750 g Tomaten (gehäutet; siehe Seite 20; und gehackt)
Salz und frisch gemahlener schwarzer Pfeffer
500 g Linguine
3 Eßlöffel gehackte Petersilie

Miesmuscheln mit kaltem Wasser bedecken und alle geöffneten oder solche, die an der Oberfläche schwimmen, wegwerfen. Muscheln abbürsten und Bärte entfernen.

Die Muscheln mit 100 ml Wasser in einen Topf geben. Zudecken und bei mittlerer Hitze kochen, bis die Muscheln sich öffnen. Den Topf dabei gelegentlich schwenken. Die Muscheln abgießen und jene, die sich nicht geöffnet haben, wegwerfen. Das Fleisch aus den Schalen lösen. Zum Garnieren einige Muscheln in der Schale lassen.

Olivenöl in einer Pfanne erhitzen und gehackte Zwiebel sowie Knoblauch zugeben. Bei mittlerer Hitze braten, bis die Zwiebelwürfel weich und goldbraun sind.

Tomaten zugeben und die Soße würzen. Bei schwacher Hitze kochen, bis sie eindickt.

Muschelfleisch vorsichtig unter die Tomatensoße mischen. Bei schwacher Hitze 2 – 3 Minuten erwärmen. Abschmecken.

Nudeln nach Packungsanweisung bißfest garen. Abgießen und abtropfen lassen. Vorsichtig mit der Tomaten-Muschel-Soße mischen.

In eine Servierschüssel füllen oder auf 4 vorgewärmte Teller geben. Mit gehackter Petersilie bestreuen und mit den übrigen Muscheln in der Schale garnieren.

4 Portionen
Vorbereitungszeit: *ca. 25 Minuten*
Garzeit: *ca. 20 Minuten*

Champignon-Ravioli

Hausgemachte Ravioli sind meist kreis- oder halbmondförmig. Und sie sind, in welcher Form auch immer, einfach köstlich.

- 2 Eßlöffel Olivenöl
- 1 Zwiebel (fein gehackt)
- 1 – 2 Knoblauchzehen (durch die Presse gedrückt)
- 500 g Champignons (fein gehackt)
- 200 g Ricotta
- 1 Ei (verschlagen)
- 2 – 3 Eßlöffel Weißbrotkrumen
- Salz und frisch gemahlener Pfeffer
- Eiernudelteig (Rezept siehe Seite 64)
- 75 g Butter
- 50 g Parmesan (gerieben)

Olivenöl in einer Pfanne erhitzen. Zwiebel und Knoblauch darin bei schwacher Hitze braten, bis die Zwiebel weich und goldbraun ist. Die Champignons zugeben und bei schwacher Hitze weiterdünsten, bis die gesamte Pilzflüssigkeit verdampft ist.

Von der Kochstelle nehmen. Ricotta, Ei und so viele Weißbrotkrumen untermischen, bis es eine feste Masse wird. Abschmecken.

Nudelteig dünn ausrollen. Kreise mit ca. 6 cm Durchmesser ausstechen. Ein wenig von der Mischung auf jeden Kreis geben. Teigränder mit kaltem Wasser bestreichen, die Teigstücke auf die Hälfte falten und am Rand zusammendrücken. Alternativ Quadrate von 2 1/2 cm Seitenlänge oder entsprechend kleine Kreise ausschneiden. Jeweils zwei mit Füllung belegte Stücke aufeinandersetzen.

Ravioli portionsweise jeweils 4 – 5 Minuten in kochendem Salzwasser garen. Sie sind gar, wenn sie an die Oberfläche steigen. Mit einem Schaumlöffel herausnehmen. Abtropfen lassen und in eine vorgewärmte Servierschüssel geben. Zudecken und warm halten, bis alle Ravioli gekocht sind. Unmittelbar vor dem Servieren Butter in einer Pfanne anbräunen und über die Ravioli geben. Etwas Parmesan darüberstreuen und den Rest separat dazu servieren. Mit Pfeffer übermahlen.

4 Portionen
Vorbereitungszeit: *ca. 30 Minuten*
Garzeit: *ca. 30 Minuten*

Getrocknete Nudeln

Riccioli
Riccioli haben eine ähnliche Form wie die gefüllten Cappelletti (siehe Seite 63). Sie werden getrocknet angeboten, haben aber keine Füllung und nehmen Soße besonders gut auf.

Farfalle
Farfalle oder Schmetterlingsnudeln sind in verschiedenen Größen erhältlich. Besonders lecker sind sie mit einer köstlichen Soße und mit frischen Kräutern garniert.

Tagliatelle
Tagliatelle ähneln den ebenfalls bandförmigen Taglierini (siehe Seite 62), sind jedoch etwas dünner und breiter. Diese Nudeln passen zu allen klassischen Pastasoßen.

Spaghetti
Spaghetti sind wahrscheinlich die bekanntesten und beliebtesten aller Nudeln. Zu den langen, dünnen und runden Nudeln paßt fast jede Soße: gehaltvolle Fleischsoßen genauso wie Fisch- und Muschelsoßen oder leckere Gemüsesoßen. Die Nudeln werden in verschiedenen Längen angeboten.

Penne
Penne sind kurze, röhrenförmige Nudeln, deren Enden diagonal geschnitten sind. Sie nehmen Soßen mit kleingeschnittenem Gemüse und Fleisch sehr gut auf und werden vorzugsweise zu klassischen italienischen Gemüse-, Fleisch- und Fischsoßen serviert. Häufig werden sie auch im Ofen überbacken.

Conchiglie
Conchiglie – Muscheln – sind hübsche, kleine schalenförmige Nudeln. Wie auch andere, ähnlich geformte Nudeln werden sie oft mit Hackfleischsoßen serviert.

Rigatoni
Rigatoni sind kurze, gerillte Nudeln. Sie sind ideal zum Überbacken mit leckeren Soßen. Alternativ können sie auch bißfest gegart und mit einer Fleischsoße vermischt werden. Wie Conchiglie halten auch Rigatoni Fleisch und Soße gut.

Fiorelli
Fiorelli sind eine eher seltene Nudelform. Sie ähneln, wie der Name schon sagt, einer Blume. Sie sind eine optisch sehr ansprechende und ungewöhnliche Alternative zu den häufiger vorkommenden Nudelsorten. Fiorelli können mit einer Soße nach Wahl serviert und mit frischen Kräutern garniert werden.

Spirali
Diese spiralförmigen getrockneten Nudeln sollten mit einer klassischen Pastasoße, am besten Tomaten- oder Fleischsoße, serviert werden.

Casareccie
Diese kleinen, gewundenen Nudeln stammen aus Sizilien. Sie werden aus langen, dünnen Teigstreifen hergestellt, die zu einer interessanten Form gefaltet und schließlich leicht gedreht werden.

Lasagne

mit würziger Fleischsoße

Dieses Gericht ist sehr schmackhaft und eignet sich als vollständige Mahlzeit. Es wird heiß aus dem Ofen serviert, dazu reicht man einen frischen Salat und einen kräftigen Rotwein.

150 – 300 ml Milch
450 ml Béchamelsoße (siehe Tip)
Salz und weißer Pfeffer
Fleischsoße (Rezept siehe Seite 77; nur ca. 20 Minuten gegart)
250 g getrocknete grüne oder weiße Lasagneblätter (ohne Vorkochen) oder frischer Nudelteig (Rezept siehe Seite 64; in dünne 19 x 9 cm Platten geschnitten)
400 g Bel Paese oder Fontina (in dünne Scheiben geschnitten oder gerieben)
2 – 3 Eßlöffel geriebener Parmesan
Basilikumzweige zum Garnieren

Mit dem Schneebesen so viel Milch in die Béchamelsoße rühren, daß sie eine dünne, cremige Konsistenz bekommt. Abschmecken.

Eine ofenfeste rechteckige Form fetten. Beginnend mit etwas Fleischsoße, Lasagneblätter, Béchamel- und Fleischsoße sowie Bel Paese oder Fontina in die Form schichten. Mit einer Schicht Béchamelsoße abschließen.

Den Parmesan darüberstreuen und im vorgeheizten Ofen bei 180 Grad, Gas Stufe 2 – 3, Umluft 160 Grad 40 – 45 Minuten backen. Heiß, mit je einem Basilikumzweig garniert, servieren.

4 Portionen
Vorbereitungszeit: *15 – 20 Minuten*
Garzeit: *40 – 45 Minuten*
Ofentemperatur: *180 Grad, Gas Stufe 2 – 3, Umluft 160 Grad*

Tip: Für die Béchamelsoße 40 g Butter zerlassen. 40 g Mehl einrühren. Bei schwacher Hitze 2 – 3 Minuten kochen. Nach und nach 450 ml Milch unter Rühren zugießen, bis die Soße glänzend ist und eindickt.

Lasagne

mit Parmesan-Fleisch-Soße

Die herzhafte Fleischsoße wird mit Parmesan und Butter verfeinert. So entsteht eine köstliche Lasagne.

Fleischsoße (Rezept siehe Seite 77)
55 g Butter
40 g Weizenmehl
600 ml Milch
1 Prise geriebene Muskatnuß
Salz und frisch gemahlener schwarzer Pfeffer
250 g getrocknete Lasagneplatten (ohne Vorkochen)
oder frischer Nudelteig (Rezept siehe
Seite 64), in dünne 19 x 9 cm Platten geschnitten
50 g Parmesan (gerieben)

Die Fleischsoße nach Anleitung zubereiten (siehe Seite 77). Bei schwacher Hitze mindestens 1 Stunde köcheln lassen, bevor die Lasagne geschichtet wird.

Für die Béchamelsoße 40 g Butter in einem Topf zerlassen und das Mehl einrühren. Bei schwacher Hitze 2 – 3 Minuten unter Rühren kochen. Nicht anbrennen lassen. Nach und nach Milch unterrühren, bis eine sämige und glänzende Soße entsteht. Mit Muskatnuß, Salz und Pfeffer würzen. Bei schwacher Hitze 5 – 10 Minuten kochen.

Etwas Fleischsoße in eine gefettete ofenfeste Form geben. Mit einer Schicht Lasagne bedecken. Eine weitere Schicht Fleischsoße zugeben. Etwas Béchamelsoße darübergießen. Auf diese Weise weitere Lagen aufschichten. Mit einer Schicht Nudelblätter enden und etwas Béchamelsoße darübergießen.

Mit dem Parmesan bestreuen und die restliche Butter in Flöckchen darübergeben. Im vorgeheizten Ofen bei 230 Grad, Gas Stufe 5, Umluft 210 Grad 30 Minuten backen, bis die Lasagne goldbraun ist.

4 Portionen
Vorbereitungszeit: *ca. 1 ½ Stunden*
Garzeit: *ca. 30 Minuten*
Ofentemperatur: *230 Grad, Gas Stufe 5, Umluft 210 Grad*

Penne

mit pikanter Wurstsoße

Am besten nehmen Sie für dieses Rezept die pikante italienische Salamelle (siehe Seite 24). Das Gemüse verleiht der Pastasoße einen wunderbar frischen Geschmack.

3 Eßlöffel Öl
25 g Butter
½ Zwiebel (gehackt)
½ kleine Schalotte (gehackt)
1 kleine Möhre (in dünne Scheiben geschnitten)
1 Stange Staudensellerie (in Scheiben geschnitten)
100 g Salamelle (zerkrümelt)
½ kleine gelbe Paprikaschote (geputzt und gewürfelt)
4 Basilikumblätter (zerzupft)
50 ml trockener Rotwein
400 g Penne
Salz
je 2 Eßlöffel geriebener Pecorino und Parmesan
ganze Basilikumblätter zum Garnieren

Öl und Butter in einer ofenfesten Kasserolle erhitzen. Zwiebel, Schalotte, Möhre und Sellerie zugeben. Bei schwacher Hitze ca. 4 Minuten dünsten.

Unter Rühren Wurst, Paprika sowie zerzupfte Basilikumblätter zugeben. Bei mittlerer Hitze 3 – 4 Minuten erhitzen und den Rotwein zugießen.

Penne nach Packungsanweisung bißfest garen. Abgießen und abtropfen lassen.

Die Nudeln in eine vorgewärmte Servierschüssel füllen. Die Wurst-Gemüse-Soße darübergießen.

Mit Pecorino und Parmesan bestreuen. Vor dem Servieren mischen. Mit Basilikumblättern garnieren.

4 Portionen
Vorbereitungszeit: *ca. 10 Minuten*
Garzeit: *ca. 10 Minuten*

Tip: Die pikanten Salamelle erhalten Sie in Geschäften für italienische Spezialitäten oder im Feinkostgeschäft. Sie können jedoch auch andere Würste guter Qualität verwenden.

Makkaroni

mit Sardellen und Knoblauch

Nach diesem Rezept werden Makkaroni in Italien auf dem Lande zubereitet. Sardellen und Oliven sorgen für den pikanten Geschmack der Soße.

2 Sardellenfilets
etwas Milch
4 Eßlöffel Öl
1 Knoblauchzehe
50 g geräucherter durchwachsener Speck (die Schwarte entfernt, gewürfelt)
400 g Eiertomaten (Dose)
Salz und Pfeffer
50 g schwarze Oliven (entsteint und gehackt)
¼ Teelöffel gehackter frischer Oregano
400 g Makkaroni
25 g Pecorino (gerieben)

Die Sardellenfilets in Milch einweichen, um überschüssiges Salz zu entfernen.

Das Öl in einer kleinen Pfanne erhitzen. Die ganze Knoblauchzehe und die abgetropften Sardellen zugeben. Bei mittlerer Hitze einige Minuten erhitzen. Den Knoblauch herausnehmen und den Speck zugeben.

In der Zwischenzeit die Tomaten abtropfen lassen und längs in Streifen schneiden. Wenn der Speck knusprig braun ist, Tomaten in die Pfanne geben. Mit Salz und Pfeffer würzen. Bei schwacher Hitze ca. 20 Minuten kochen lassen, bis eine dicke Soße entstanden ist. Oliven und Oregano nach etwa der Hälfte der Kochzeit zugeben.

Die Makkaroni nach Packungsanweisung bißfest garen.

Abgießen und abtropfen lassen. In eine vorgewärmte Servierschüssel füllen. Die Soße darübergießen. Mit dem Pecorino bestreuen. Die Nudeln vor dem Servieren mischen.

4 Portionen
Vorbereitungszeit: *ca. 10 Minuten*
Garzeit: *ca. 30 Minuten*

Römische Gnocchi

mit Parmesan überbacken

Gnocchi schmecken köstlich! Sie können aus Kartoffeln hergestellt werden oder, wie in diesem Rezept, aus Grieß.

600 ml Milch
125 g Hartweizengrieß
1 Prise geriebene Muskatnuß
Salz und weißer Pfeffer
125 g Gruyère (gerieben)
25 – 50 g Butter (geschmolzen)
25 – 50 g Parmesan (gerieben)

Die Milch aufkochen. Von der Kochstelle nehmen und den gesamten Grieß auf einmal zugeben. Rühren, bis die Masse sämig ist. Mit Muskatnuß, Salz und Pfeffer würzen.

Erneut erhitzen, aufkochen und bei mittlerer Hitze 5 – 7 Minuten kochen. Kräftig rühren, bis sich die Mischung vom Topf löst. Den Gruyère untermischen und die Masse abschmecken. Die Masse auf ein mit Butter oder Öl bepinseltes Backblech geben. Zu einer 1 – 1,5 cm dicken Schicht verstreichen. Abkühlen lassen. Kühl stellen, bis die Masse etwas erhärtet ist.

Aus der Grießmasse mit einem runden Ausstechförmchen von 5 – 6 cm Durchmesser Kreise ausstechen. Übrige Masse erneut ausstreichen und weitere Kreise ausstechen. Die Gnocchi in einer gefetteten feuerfesten Form überlappend einschichten. Die Butter darübergießen und alles mit Parmesan bestreuen. Im vorgeheizten Ofen bei 220 Grad, Gas Stufe 4 – 5, Umluft 200 Grad 20 – 30 Minuten backen, bis die Gnocchi goldbraun sind.

4 – 6 Portionen
Vorbereitungszeit: *20 – 30 Minuten*
Garzeit: *30 – 40 Minuten*
Ofentemperatur: *220 Grad, Gas Stufe 4 – 5, Umluft 200 Grad*

Tip: Dieses Gericht wird noch gehaltvoller und würziger, wenn Sie 150 g kleingeschnittenen Frühstücksspeck in etwas Öl anbraten und über die Gnocchi in der Backform streuen.

Kartoffelgnocchi
mit Tomatensoße

Tomatensoße
3 Eßlöffel Olivenöl
400 g Pizzatomaten (Dose)
1 Teelöffel getrockneter Oregano
1 Prise Zucker
Salz und frisch gemahlener schwarzer Pfeffer

Gnocchi
750 g mehligkochende Kartoffeln
(geschält und in gleichgroße Stücke geschnitten)
Salz
175 – 200 g Weizenmehl
2 Eigelb (verschlagen)
1 Prise geriebene Muskatnuß
50 – 75 g Butter (zerlassen)
50 g Parmesan (gerieben)
Salz und weißer Pfeffer

Alle Zutaten für die Tomatensoße in eine Pfanne geben und aufkochen. Ohne Deckel 20 – 25 Minuten bei starker Hitze kochen lassen, bis die Soße eindickt. Nach Wunsch heiß halten oder abkühlen lassen.

Die Kartoffeln in Salzwasser garen. Abgießen und abtropfen lassen. Zurück in den Topf geben und nochmals kurz erhitzen. Dabei den Topf schwenken, bis die Kartoffeln trocken sind. Kartoffeln durch die Kartoffelpresse drücken oder zerstampfen, bis eine geschmeidige Masse entsteht. Den größten Teil des Mehls, Eigelbe und Muskatnuß einarbeiten.

Teig auf ein mit Mehl bestäubtes Küchenbrett geben. Falls nötig, zusätzliches Mehl einkneten, so daß ein fester Teig entsteht. Den Teig zu langen Würsten mit ca. 1 cm Durchmesser formen. In ca. 3 cm lange Stücke schneiden. Jedes Stück in der Mitte vorsichtig zwischen Daumen und Zeigefinger oder mit einer Gabel flacher drücken.

Jeweils nur wenige Gnocchi auf einmal in einen großen Topf mit kochendem Wasser geben. Die Gnocchi sind gar, wenn sie zur Oberfläche steigen. Mit einem Schaumlöffel herausnehmen. Abtropfen lassen.

Gekochte Gnocchi in einer vorgewärmten, gefetteten Schüssel warm halten, bis alle Gnocchi gegart sind. Vor dem Servieren heiße Butter darübergießen. Mit etwas Parmesan bestreuen. Den restlichen Parmesan und die Tomatensoße separat dazu servieren.

4 Portionen
Vorbereitungszeit: *20 – 30 Minuten*
Garzeit: *30 – 40 Minuten*

Überbackene Makkaroni *mit Garnelen*

Béchamelsoße
25 g Butter
25 g Weizenmehl
300 ml Milch
1 Prise geriebene Muskatnuß
Salz und frisch gemahlener schwarzer Pfeffer

90 g Butter
175 g Champignons (in Scheiben geschnitten)
250 g Garnelen (geschält und entdarmt)
2 Eßlöffel Weinbrand (erwärmt)
50 – 75 g Parmesan (gerieben)
Salz und frisch gemahlener schwarzer Pfeffer
250 g kurze Makkaroni
Basilikumzweige zum Garnieren

Die Béchamelsoße zubereiten (siehe Seite 90). Die Hälfte der Butter in einer Pfanne erhitzen. Pilze zugeben und garen. Mit Salz und Pfeffer würzen.

Garnelen zugeben und erhitzen. Weinbrand zugießen und entzünden. Sobald die Flammen verloschen sind, die Hälfte des Parmesans unterrühren. Abschmecken.

Die Makkaroni nach Packungsanweisung bißfest garen. Abgießen und abtropfen lassen. Die Béchamelsoße abschmecken. Eine Prise Muskatnuß und den restlichen Parmesan zugeben.

Ein Drittel der Makkaroni in eine mit Butter ausgestrichene ofenfeste Form füllen. Die Hälfte der Champignonmischung darübergeben. Schichtung wiederholen und mit einer Schicht Makkaroni abschließen.

Die Nudeln mit Béchamelsoße begießen. Restliche Butter in einer Pfanne erhitzen, bis sie goldbraun ist. Über den Auflauf gießen. Im vorgeheizten Ofen bei 200 Grad, Gas Stufe 3 – 4, Umluft 180 Grad ca. 20 Minuten backen, bis der Auflauf goldbraun ist. Heiß, mit Basilikumzweigen garniert, servieren.

4 Portionen
Vorbereitungszeit: *15 – 20 Minuten*
Garzeit: *35 – 40 Minuten*
Ofentemperatur: *200 Grad, Gas Stufe 3 – 4, Umluft 180 Grad*

Tip: Soll das Gericht etwas preiswerter sein, nehmen Sie statt der Garnelen Kabeljau- oder geräuchertes Schellfischfilet, das Sie in schwach kochendem Wasser garen und mit einer Gabel zerkleinern.

Schwein, Rind und Lamm

Schweinerollbraten

mit Wacholder und Lorbeerblättern

2 Eßlöffel Olivenöl
1 – 1,25 kg Schweinerollbraten
1 Eßöffel Wacholderbeeren (grob zerdrückt)
2 Gewürznelken
10 möglichst frische Lorbeerblätter und 1 Lorbeerzweig zum Garnieren
2 große Zwiebeln (gehackt)
Salz und frisch gemahlener schwarzer Pfeffer
300 ml trockener Weißwein
150 – 450 ml Hühnerbrühe (siehe Seite 11)

Olivenöl in einem Bräter oder Schmortopf erhitzen. Das Fleisch von allen Seiten darin bräunen.

Wacholderbeeren, Gewürznelken, Lorbeerblätter und Zwiebeln zugeben. Im Öl wenden. Mit Salz und Pfeffer würzen. Weißwein darübergießen.

Bräter oder Topf schließen und den Braten bei schwacher Hitze ca. 1 ½ Stunden schmoren.

Deckel nicht zu oft abheben, nur ein- oder zweimal prüfen, ob genügend Flüssigkeit vorhanden ist. Falls nötig, Brühe zugeben.

Fleisch aus dem Bräter oder dem Topf herausnehmen und zugedeckt auf einer Platte warm halten.

Genügend Brühe in den Bräter gießen, um den Bratensatz vollständig zu lösen. Aufkochen, abschmecken und die Soße durch ein Sieb streichen. Nach Wunsch etwas Soße über das Fleisch gießen. Den Rest separat dazu reichen. Heiß servieren. Mit einem frischen Lorbeerzweig garnieren.

4 – 6 Portionen
Vorbereitungszeit: *ca. 10 Minuten*
Garzeit: *1 ½ – 2 Stunden*

Tip: Wenn Sie möchten, können Sie das Fleisch auch im vorgeheizten Ofen bei 180 Grad, Gas Stufe 2 – 3, Umluft 160 Grad garen.

Mailänder Eintopf

mit Schweinefleisch und Würsten

Dieser herzhafte Eintopf hat einen herrlich saftigen Fleischgeschmack. Servieren Sie dazu reichlich Brot, das Sie in die Soße tunken können.

300 g Schweinenacken
25 g Butter
3 – 4 Eßlöffel Olivenöl
2 große Zwiebeln (in Scheiben geschnitten)
2 große Möhren (in Scheiben geschnitten)
2 Stangen Staudensellerie (gehackt)
600 g Schweinefleisch (ohne Knochen, gewürfelt)
150 ml trockener Weißwein
1,5 l Hühnerbrühe (siehe Seite 11)
Salz und Pfeffer
250 g italienische Schweinswurst oder andere Qualitätswurst (in 2,5 cm dicke Scheiben geschnitten)
750 g Wirsing (geputzt und in Streifen geschnitten)

Schweinefleisch in einen Topf geben, mit Wasser bedecken und leicht salzen. Aufkochen und 10 Minuten kochen lassen. Abgießen und das Fleisch in ca. 5 x 1 cm große Streifen schneiden.

Butter und die Hälfte des Öls in einem zweiten Topf erhitzen. Zwiebeln zugeben und so lange anbraten, bis sie glasig sind. Möhren und Sellerie zufügen. Unter häufigem Rühren ca. 5 Minuten dünsten.

Gemüse wieder aus dem Topf nehmen. Das restliche Öl im Topf erhitzen und die Fleischwürfel kräftig darin anbraten, dann das Gemüse dazugeben. Weißwein und Brühe darübergießen. Mit Salz und Pfeffer würzen.

1 1/2 – 2 Stunden köcheln lassen, bis das Fleisch fast gar ist. Würste und Kohl zugeben. 25 – 30 Minuten weitergaren. Abschmecken und in eine Terrine geben. Heiß servieren.

4 – 6 Portionen
Vorbereitungszeit: *20 – 25 Minuten*
Garzeit: *2 – 2 1/2 Stunden*

Tip: Bereiten Sie dieses Gericht am Tag vor dem Verzehr zu. Gut durchgezogen und aufgewärmt schmeckt es am besten. Wenn der Eintopf abgekühlt ist, im Kühlschrank aufbewahren und am nächsten Tag ca. 40 Minuten aufwärmen.

Rindfleisch

in aromatisch-pikanter Marinade

Sanftes Schmoren in Wein und Marsala verleiht diesem exquisiten Gericht seinen wunderbaren Geschmack.

300 ml Rotweinessig
1 Knoblauchzehe (gehackt)
2 Gewürznelken
1 Prise Zimt
2 Möhren (gehackt)
2 Stangen Staudensellerie (gehackt)
je 1 Zweig Rosmarin und Thymian
75 g Butter
1,5 kg Rindfleisch (Nacken)
1 große Zwiebel (gehackt)
300 ml trockener Weißwein
300 ml Marsala
Salz und frisch gemahlener schwarzer Pfeffer
frische Kräuter zum Garnieren

Essig, Knoblauch, Gewürznelken, Zimt, Möhren, Sellerie, Rosmarin und Thymian mischen. Gut würzen. Fleisch in eine Schüssel geben und Marinade darübergießen. Zugedeckt 12 Stunden kühl stellen. Fleisch immer wieder wenden.

Fleisch und Gemüse abgießen und abtropfen lassen. Mit Küchenpapier trockentupfen. Flüssigkeit wegschütten.

Butter in einem Schmortopf erhitzen. Zwiebel, Möhren und Sellerie dünsten, bis sie gar sind. Gemüse aus dem Topf herausnehmen. Fleisch in den Topf geben und von allen Seiten bräunen. Gemüse wieder zugeben. Wein und Marsala zugießen. Mit Salz und Pfeffer würzen. Topf schließen und das Gericht bei schwacher Hitze 2 – 2 ½ Stunden schmoren.

Fleisch in dicke Scheiben schneiden und auf einer vorgewärmten Servierplatte anrichten. Die Soße abschmecken und durch ein Haarsieb über das Fleisch gießen. Mit schwarzem Pfeffer bestreuen und mit frischen Kräutern garnieren.

6 – 8 Portionen
Vorbereitungszeit: *25 – 30 Minuten*
Garzeit: *2 ¼ – 2 ¾ Stunden*

Tip: Dieses Gericht wird traditionsgemäß mit Polenta serviert.

Bistecche *mit pikanter Pizzaiola-Soße*

Der Name dieses Gerichts leitet sich aus der Zubereitung der Rindersteaks ab: Wie eine Pizza werden sie mit Tomaten, Knoblauch und Oregano belegt. Schweinekoteletts können auf dieselbe Art zubereitet werden.

75 ml Olivenöl
1 – 2 Knoblauchzehen (durch die Presse gedrückt)
1 Dose gehackte Tomaten
1 Teelöffel frischer Oregano (gehackt) oder
½ Teelöffel getrockneter Oregano
4 Rindersteaks à 180 g (dünn geschnitten und ohne Fett)
Salz und Pfeffer

50 ml Olivenöl in einer Pfanne erhitzen. Knoblauch zugeben und braten, bis er goldbraun ist. Tomaten zugeben. Mit Salz, Pfeffer und Oregano leicht würzen.

Aufkochen und 10 – 15 Minuten köcheln lassen, bis die Soße etwas bindet.

In der Zwischenzeit restliches Öl in einer Pfanne erhitzen und das Fleisch auf beiden Seiten anbraten. Soße darübergießen und 10 – 15 Minuten weiter erhitzen, bis das Fleisch gar ist. Falls nötig, etwas Wasser zugeben, damit die Soße nicht zu sehr eindickt.

Steaks auf vorgewärmten Tellern oder einer Servierplatte anrichten. Soße darübergießen. Sofort servieren.

4 Portionen
Vorbereitungszeit: *15 – 20 Minuten*
Garzeit: *25 – 35 Minuten*

Rouladen *mit Käse-, Schinken- und Basilikumfüllung*

Dieses Gericht ist so einfach wie elegant. Es eignet sich vorzüglich als Hauptgang für ein festliches Menü.

6 Rinderrouladen (ca. 1 kg)
Salz und frisch gemahlener schwarzer Pfeffer
125 g Pecorino (gerieben)
2 Scheiben roher Schinken (Prosciutto crudo; gehackt)
3 Knoblauchzehen (durch die Presse gedrückt)
3 Eßlöffel frische Petersilie (gehackt)
1 Eßlöffel frisches Basilikum (gehackt)
3 Eßlöffel Olivenöl

Tomatensoße

1 Zwiebel (gehackt)
2 Knoblauchzehen (durch die Presse gedrückt)
1 kg Tomaten (gehäutet; siehe Seite 20; und gehackt)
1 Eßlöffel Tomatenmark
125 ml Rotwein
Salz und frisch gemahlener schwarzer Pfeffer

Rouladen zwischen zwei Lagen Klarsichtfolie legen und mit dem Nudelholz darüberrollen. Fleisch mit Salz und Pfeffer würzen.

Für die Füllung den Pecorino mit gehacktem Schinken, Knoblauch, Basilikum und Petersilie in eine Schüssel geben und mischen.

Etwas von der Käsemischung auf jede Roulade streichen. Fleisch aufrollen und dabei die Seiten nach innen klappen. Mit einem Baumwollfaden fest zubinden.

Olivenöl in einer Pfanne erhitzen. Rouladen darin rundherum anbraten, bis sie von allen Seiten leicht gebräunt sind. Aus der Pfanne nehmen und warm halten.

Für die Soße Zwiebel und Knoblauch zum Öl in die Pfanne geben und kurz mitbraten. Tomaten, Tomatenmark und Wein zugeben. Mit Salz und Pfeffer würzen. Aufkochen und die Rindsrouladen zugeben.

Pfanne schließen und die Rouladen bei schwacher Hitze 1 ½ – 2 Stunden schmoren. Baumwollfaden von den Rouladen entfernen und sofort servieren. Die Soße separat dazu reichen.

6 Portionen
Vorbereitungszeit: *20 Minuten*
Garzeit: *1 ½ – 2 Stunden*

BAROLO
DI ORIGINE CONTROLLATA
E GARANTITA
V.Q.P.R.D.
DOTT. GIACOMO DAMILANO
BAROLO – ITALIA
13% vol.

Rindfleisch

in Rotwein mit Rosmarin

Durch die lange Schmorzeit bei schwacher Hitze entwickelt sich das Aroma bei diesem Gericht optimal.

1,5 kg Rindfleisch zum Schmoren (Bug oder Nacken)
1 Zwiebel (in Scheiben geschnitten)
1 Möhre (in Scheiben geschnitten)
1 Stange Staudensellerie (in Scheiben geschnitten)
2 Knoblauchzehen (durch die Presse gedrückt)
2 Lorbeerblätter
6 Pfefferkörner
600 ml Rotwein, z. B. Barolo
25 g Bratfett
1 Zwiebel (fein gehackt)
1 Zweig Rosmarin
Salz und frisch gemahlener schwarzer Pfeffer

Fleisch in eine Schüssel geben. Zwiebel, Möhre, Sellerie, Knoblauch, Lorbeerblätter, Pfefferkörner und Rotwein zugeben. Zugedeckt im Kühlschrank 24 Stunden marinieren, dabei das Fleisch mehrmals wenden. Das Fleisch aus der Marinade nehmen und trockentupfen. Marinade aufbewahren.

Bratfett im Schmortopf erhitzen und die gehackte Zwiebel bei schwacher Hitze in ca. 5 Minuten goldbraun braten. Fleisch zugeben und bei mittlerer Hitze von allen Seiten bräunen.

Aufbewahrte Marinade durch ein Sieb in den Topf streichen. Aufkochen. Rosmarinzweig zugeben. Mit Salz und Pfeffer würzen.

Topf schließen und das Gericht bei schwacher Hitze mindestens 3 Stunden schmoren. Fleisch nach der Hälfte der Garzeit einmal wenden.

Fleisch herausnehmen und in dickere Scheiben schneiden. Auf einer vorgewärmten Servierplatte anrichten. Wenn die Soße zu dünn ist, diese etwas einkochen lassen.

Rosmarin aus der Soße nehmen und die Soße über das Fleisch gießen. Sofort mit Kartoffelpüree und Möhren servieren.

6 Portionen
Vorbereitungszeit: *5 Minuten, plus 24 Stunden Marinieren*
Garzeit: *3 ¼ Stunden*

Lammfleisch
in Weinsoße mit Champignons

Hirten in den Bergen der Basilicata halten ihre Schafherden wie vor Hunderten von Jahren. Bei diesem traditionellen Rezept werden frische Champignons von den Weideflächen mit dem Lammfleisch gegart.

3 Eßlöffel Olivenöl
1 kg Lammschulter oder -keule (ohne Knochen; in mundgerechte Stücke geschnitten)
500 g kleine Champignons (geputzt)
125 ml trockener Weißwein
Salz und frisch gemahlener schwarzer Pfeffer

Öl in einem Schmortopf erhitzen. Fleisch zugeben und bei mittlerer Hitze von allen Seiten bräunen.

Champignons und Weißwein zugeben und alles mit Wasser bedecken. Mit Salz und Pfeffer würzen. Abschmecken.

Topf schließen und das Fleisch im vorgeheizten Ofen bei 190 Grad, Gas Stufe 3, Umluft 170 Grad unter gelegentlichem Rühren ca. 1 Stunde garen.

Heiß servieren und gedünsteten Spinat mit Polentascheiben nach Belieben dazu reichen.

4 Portionen
Vorbereitungszeit: *ca. 10 Minuten*
Garzeit: *ca. 1 ¼ Stunden*

Tip: Nach diesem Rezept können Sie ein preiswertes Stück Lammfleisch wie z. B. Schulter zubereiten. Kaufen Sie das magerste Stück, das Sie bekommen können, da Schulterstücke relativ fett sind. Ihr Fleischer entfernt auf Wunsch den Knochen.

Lammtopf

mit Sellerie und Zwiebeln

Ein weiteres köstliches Rezept für Lammfleisch, diesmal geschmort mit frischem Sellerie und Zwiebeln. Es erhält den Fleischgeschmack einfach und unverfälscht.

3 Eßlöffel Olivenöl
2 Stangen Staudensellerie (in Stücke geschnitten)
350 g frische Silberzwiebeln oder Schalotten (geschält)
1 kg Lammschulter oder -keule (ohne Knochen; in mundgerechte Stücke geschnitten)
2 – 3 Zweige Rosmarin (in Stücke geschnitten)
2 Lorbeerblätter
Salz und frisch gemahlener schwarzer Pfeffer
450 ml Hühnerbrühe (siehe Seite 11)

Öl in einem Schmortopf erhitzen. Sellerie und Zwiebeln zugeben. Bei schwacher Hitze ca. 5 Minuten braten.

Fleisch, die Hälfte des Rosmarins und Lorbeerblätter zugeben. Mit Salz und Pfeffer würzen. Bei mittlerer Hitze braten, bis das Fleisch von allen Seiten gebräunt ist. Das Fleisch mit Brühe und Wasser bedecken.

Topf schließen und das Fleisch ca. 1 Stunde schmoren. Die Kräuter vor dem Servieren herausnehmen.

Heiß servieren und mit dem restlichen Rosmarin garnieren.

4 Portionen
Vorbereitungszeit: *ca. 20 Minuten*
Garzeit: *ca. 1 ½ Stunden*

Lamm *auf sardische Art mit Fenchel und Tomaten*

Auf Sardinien weiden große Schafherden in den hohen Bergen. In diesem Rezept wird Fenchel als Hauptzutat verwendet, der der Soße einen aromatischen Geschmack verleiht.

5 Eßlöffel Olivenöl
1 kg Lammkeule (ohne Knochen; in mundgerechte Stücke geschnitten)
1 Zwiebel (geschält und gehackt)
400 g Tomaten (gehäutet; siehe Seite 20; und gehackt)
Salz und frisch gemahlener schwarzer Pfeffer
700 g Fenchel (geviertelt)

Öl in einem Schmortopf erhitzen. Fleisch zugeben und bei mittlerer Hitze von allen Seiten bräunen.

Zwiebel unterrühren und weitere 5 Minuten braten. Tomaten zugeben und mit Salz und Pfeffer würzen.

Topf schließen und das Gericht bei schwacher Hitze ca. 40 Minuten schmoren. Falls nötig, zwischendurch etwas Wasser zugeben.

Während der Schmorzeit den Fenchel in kochendem Salzwasser ca. 20 Minuten kochen. Abgießen, abtropfen lassen und 200 ml der Kochflüssigkeit aufbewahren.

Fenchel und Kochflüssigkeit zum Fleisch geben und alles ca. 20 Minuten weiterkochen lassen, bis das Fleisch gar ist. Das Gericht sollte relativ trocken sein. Heiß servieren und mit schwarzem Pfeffer bestreuen.

4 Portionen
Vorbereitungszeit: *ca. 20 Minuten*
Garzeit: *1 – 1 ½ Stunden*

Scallopine alla milanese

Kalbfleisch ist in Italien äußerst beliebt und auf jeder italienischen Speisekarte zu finden. Dieses Rezept ist einfach und schnell zuzubereiten.

4 Kalbsschnitzel, je 125 g
1 – 2 Eier (verschlagen)
Paniermehl
75 g Butter
Salz und frisch gemahlener schwarzer Pfeffer

Garnitur

unbehandelte Zitronenschale
Petersilie (gehackt)

Schnitzel mit einem Fleischklopfer flach klopfen. Im verschlagenen Ei und im Paniermehl wenden.

Butter in einer großen Pfanne erhitzen. Schnitzel auf jeder Seite 2 – 3 Minuten braten, bis sie gar und goldbraun sind.

Gebratene Schnitzel auf eine vorgewärmten Servierplatte geben. Mit Salz und Pfeffer bestreuen.

Mit Zitronenschalen und gehackter Petersilie garnieren. Mit frischen grünen Bohnen sofort servieren.

4 Portionen
Vorbereitungszeit: *ca. 10 Minuten*
Garzeit: *8 – 10 Minuten*

Scallopine alla bolognese

Kalbsschnitzel Bologneser Art mit dem vollen Geschmack von Marsalawein, Käse und feinem Parmaschinken.

8 kleine Kalbsschnitzel, je 80 g
Salz
Mehl zum Panieren
75 g Butter
8 dünne Scheiben Parmaschinken
8 dünne Scheiben Gruyère oder Emmentaler
3 Eßlöffel Marsala
3 Eßlöffel Hühnerbrühe (siehe Seite 11)
frisch gemahlener schwarzer Pfeffer

Die Schnitzel vorsichtig mit einem Fleischklopfer flach klopfen. Mit etwas Salz bestreuen und mit Mehl panieren.

Die Butter in einer großen Pfanne erhitzen. Wenn sie schäumt, die Schnitzel 6 – 8 Minuten auf beiden Seiten braten, bis sie gebräunt und gar sind. Nebeneinander in eine gefettete, ofenfeste Form legen.

Jedes Schnitzel mit 1 Scheibe Parmaschinken und 1 Scheibe Käse belegen.

Marsala und Brühe zur Bratenflüssigkeit in die Pfanne geben. Mit einem Holzlöffel unter häufigem Rühren aufkochen. Soße um die Schnitzel in der Form verteilen und mit Pfeffer würzen. Im vorgeheizten Ofen bei 230 Grad, Gas Stufe 5, Umluft 210 Grad oder unter dem Elektrogrill 5 – 10 Minuten backen, bis der Käse geschmolzen ist. Etwas frisch gemahlenen schwarzen Pfeffer darüberstreuen und heiß servieren.

4 Portionen
Vorbereitungszeit: *ca. 10 Minuten*
Garzeit: *14 – 20 Minuten*
Ofentemperatur: *230 Grad, Gas Stufe 5, Umluft 210 Grad*

Kalbsschnitzel

mit Salbei und Parmaschinken

Dieses Gericht steht auf den Speisekarten als Saltimbocca alla romana. Es ist typisch für die italienische Küche, Zutaten miteinander zu kombinieren, deren Aroma und Struktur gut miteinander harmonieren.

8 kleine Kalbsschnitzel, je ca. 50 g
8 hauchdünne Scheiben Parmaschinken
Salz
8 frische Salbeiblätter
75 g Butter
75 ml Marsala oder trockener Weißwein
frische Salbeiblätter zum Garnieren

Die Schnitzel flach klopfen. Die Schinkenscheiben auf etwa die gleiche Größe wie die Schnitzel schneiden.

Jedes Schnitzel mit einer Prise Salz bestreuen und ein Salbeiblatt obenauf legen. Jedes Schnitzel mit einer Scheibe Schinken belegen und mit einem in kaltem Wasser eingeweichten Zahnstocher fixieren. Nicht aufrollen.

50 g Butter in einer großen Pfanne erhitzen. Wenn die Butter schäumt, die Schnitzel zugeben und auf beiden Seiten braten. Vor dem Wenden die Zahnstocher entfernen. Zirka 6 – 8 Minuten braten, bis sie goldbraun sind. Aus der Pfanne herausnehmen und warm halten.

Marsala oder Weißwein in die Pfanne geben und den Bratensatz mit einem Holzlöffel unter häufigem Rühren aufkochen. Die restliche Butter unterrühren und die Soße über die Schnitzel gießen. Mit frischen Salbeiblättern garnieren.

4 Portionen
Vorbereitungszeit: *ca. 10 Minuten*
Garzeit: *12 – 15 Minuten*

Kalbfleischröllchen

mit Prosciutto und Parmesan

Eine raffinierte Art, Fleisch zuzubereiten – mit Salbei und Käse.

12 kleine, dünne Scheiben Kalbfleisch
6 frische Salbeiblätter
2 Scheiben durchwachsener Speck
50 g Butter
4 Eßlöffel Marsala
4 Eßlöffel trockener Weißwein
3 Salbeiblätter (grob gehackt)

Füllung

50 g roher geräucherter Schinken (Prosciutto crudo; gehackt)
1 Hühnerleber (fein gehackt)
25 g frische Weißbrotkrumen
2 Eßlöffel geriebener Parmesan
1 Teelöffel gehackte Petersilie
1 Ei (verschlagen)
¼ Teelöffel geriebene Muskatnuß
Salz und frisch gemahlener schwarzer Pfeffer

Für die Füllung gehackten Schinken, Hühnerleber, Brotkrumen, Parmesan und Petersilie in eine Schüssel geben. Mit dem verschlagenen Ei binden. Mit Muskatnuß, Salz und Pfeffer abschmecken.

Kalbfleischscheiben mit einem Fleischklopfer flach klopfen. Etwas Füllung auf jede Scheibe geben und aufrollen. Je 2 Fleischröllchen mit 1 Salbeiblatt auf einen von insgesamt 6 kleinen Holzspießen stecken. Die Spieße zuvor in kaltem Wasser einweichen. Jede Speckscheibe in 3 Stücke schneiden und 1 Stück auf jeden Fleischspieß aufziehen.

Butter in einer Pfanne erhitzen. Fleischröllchen zugeben und unter gelegentlichem Wenden braten, bis sie gleichmäßig gegart und goldbraun sind. Fleischröllchen aus der Pfanne herausnehmen und warm halten.

Marsala und Weißwein in die Pfanne geben und aufkochen. Mit einem Holzlöffel den Bratsatz unter Rühren lösen. Salbei zugeben und 3 – 5 Minuten köcheln lassen, bis die Soße leicht eindickt. Soße über die Fleischröllchen gießen und sofort servieren.

4 – 6 Portionen
Vorbereitungszeit: *ca. 15 Minuten*
Garzeit: *12 – 15 Minuten*

Salamelle
mit Brokkoli und Knoblauch

Der herzhafte Geschmack köstlich-pikanter, scharfer Salamellewürstchen paßt vorzüglich zum markanten Aroma frischen Brokkolis.

25 g Schweineschmalz
2 Knoblauchzehen (gehackt)
1 Stückchen eingelegte Pfefferschote
500 g Salamellewürste oder andere Qualitätswürste
750 g Brokkoli
Salz und frisch gemahlener schwarzer Pfeffer

Das Schmalz in einem Schmortopf erhitzen. Den Knoblauch zugeben und braten, bis er gebräunt ist.

Pfefferschote und Salamellewürste unterrühren. Mit Salz und Pfeffer abschmecken.

Den Topf schließen und die Würste im vorgeheizten Ofen bei 190 Grad, Gas Stufe 3, Umluft 170 Grad ca. 45 Minuten garen, bis sie gar sind.

In der Zwischenzeit den Brokkoli in kochendem Salzwasser ca. 15 Minuten gar kochen. Abgießen, abtropfen lassen und in eine vorgewärmte Servierschüssel geben.

Die Würste zugeben, untermischen und das Gericht sofort servieren.

4 Portionen
Vorbereitungszeit: *5 – 10 Minuten*
Garzeit: *ca. 1 Stunde*
Ofentemperatur: *190 Grad, Gas Stufe 3, Umluft 170 Grad*

Tip: Salamelle sind traditionelle italienische Kochwürste, die in kurzen Ketten angeboten werden. Sie sind in italienischen Spezialitätengeschäften erhältlich oder in Feinkostläden. Es gibt verschiedene Sorten, von mild bis scharf.

Kalbsleber

auf venezianische Art

Dies ist eine Spezialität aus einer der schönsten Städte Italiens. Die feine Kombination von Leber mit Zwiebeln und Petersilie ist in ihrer Schlichtheit unübertroffen.

3 – 4 Eßlöffel Olivenöl
25 g Butter
500 g Zwiebeln (in Scheiben geschnitten)
1 Eßlöffel gehackte Petersilie und Petersilie zum Garnieren
500 g Kalbsleber (in sehr dünne Scheiben geschnitten)
4 Eßlöffel Rinderbrühe (siehe Seite 10)
Salz und frisch gemahlener schwarzer Pfeffer

Das Öl und die Butter in einer Pfanne erhitzen. Zwiebeln und Petersilie zugeben und bei schwacher Hitze 2 – 3 Minuten braten.

Die Leber zugeben, die Temperatur erhöhen und die Brühe unterrühren.

Die Leber ca. 5 Minuten braten. Dann die Pfanne von der Kochstelle nehmen und die Leber mit Salz und Pfeffer würzen.

Sofort auf Kartoffelpüree anrichten, mit gebratenen Champignons belegen und servieren. Mit gehackter Petersilie garnieren.

4 Portionen
Vorbereitungszeit: *ca. 5 Minuten*
Garzeit: *10 – 15 Minuten*

Geflügel und Wild

Pollo alla Marengo

Garnelen, Spiegeleier und gebratene Croûtons verleihen diesem geschmorten Geflügelgericht sein besonderes Aroma.

8 – 10 Eßlöffel Olivenöl
1 Hähnchen, ca. 1,5 kg (zerlegt)
350 g reife Tomaten (gehäutet; siehe Seite 20; entkernt und gehackt)
2 Knoblauchzehen (durch die Presse gedrückt)
300 ml trockener Weißwein
2 Scheiben Brot (5 mm dick; entrindet und in Dreiecke geschnitten)
4 – 6 Riesengarnelen
4 – 6 Eier
Salz und frisch gemahlener schwarzer Pfeffer
2 Eßlöffel gehackte Petersilie zum Garnieren

2 – 3 Eßlöffel Öl in einem ofenfesten Topf erhitzen. Die Hähnchenstücke darin rundherum braten. Aus dem Topf nehmen. Falls nötig, etwas Öl abgießen. Tomaten, Knoblauch und Weißwein zugeben. Abschmecken und mischen.

Die Hähnchenteile wieder in den Topf geben. Aufkochen und im vorgeheizten Ofen bei 190 Grad, Gas Stufe 3, Umluft 170 Grad 30 – 45 Minuten garen.

In der Zwischenzeit weitere 2 – 3 Eßlöffel Öl in einer Pfanne erhitzen. Das Brot darin von beiden Seiten braten. Aus der Pfanne nehmen und warm halten. Die Garnelen 2 – 3 Minuten braten, bis sie gar sind, ebenfalls warm halten. Weitere 2 – 3 Eßlöffel Öl in einer sauberen Pfanne erhitzen und die Spiegeleier braten.

Wenn das Hähnchen gar ist, auf einer vorgewärmten Servierform arrangieren. Falls nötig, Soße aufkochen und bis zur gewünschten Konsistenz einkochen. Abschmecken und über das Hähnchen gießen.

Garnelen, Spiegeleier und Croûtons um das Hähnchen anrichten. Vor dem Servieren mit Petersilie bestreuen. Heiß servieren.

4 – 6 Portionen
Vorbereitungszeit: *30 – 40 Minuten*
Garzeit: *50 – 55 Minuten*
Ofentemperatur: *190 Grad, Gas Stufe 3, Umluft 170 Grad*

Tip: Dieses Gericht basiert auf einem Rezept von Napoleons Leibkoch, das nach der Schlacht bei Marengo mit allen Zutaten, die in der Nähe des Schlachtfeldes zu finden waren, kreiert wurde.

Pollo alla cacciatore

Dieses Hähnchen „nach Jägerart" schmeckt herzhaft und kräftig.

4 Eßlöffel Olivenöl
4 Scheiben Pancetta oder roher Schinken (gehackt)
1 großes Hähnchen, ca. 1,5 kg (in 4 Portionen zerlegt)
2 Knoblauchzehen (durch die Presse gedrückt)
2 rote Zwiebeln (grob gehackt)
500 g Tomaten (gehäutet; siehe Seite 20; und gehackt)
250 g Champignons (in Scheiben geschnitten)
1 Zweig Rosmarin
1 Lorbeerblatt
150 ml trockener Weißwein
300 ml Hühnerbrühe (siehe Seite 11)
Salz und frisch gemahlener schwarzer Pfeffer
1 Eßlöffel gehackte Petersilie zum Garnieren

Das Öl in einer großen Pfanne erhitzen. Die Pancetta oder den Schinken 2 – 3 Minuten darin knusprig braten.

Gelegentlich rühren, damit der Schinken nicht anbrennt. Aus der Pfanne nehmen und warm halten.

Die Hähnchenteile in die Pfanne geben und im Öl anbraten. Gelegentlich wenden.

Die Hähnchenteile aus der Pfanne nehmen und warm halten. Den Knoblauch, die Zwiebeln, die Tomaten und die Champignons zugeben. Bei schwacher Hitze unter gelegentlichem Rühren ca. 5 Minuten dünsten. Das Hähnchen zurück in die Pfanne geben.

Rosmarin und Lorbeerblatt zugeben. Wein und Hühnerbrühe zugießen. Zirka 1 Stunde vorsichtig köcheln lassen, bis das Hähnchen gar ist und die Soße eindickt. Mit Salz und Pfeffer abschmecken.

4 Portionen
Vorbereitungszeit: *ca. 15 Minuten*
Garzeit: *ca. 1 ¼ Stunden*

Gebratene Hähnchenbrust

Ein schnelles und einfaches Gericht, das von der Qualität seiner Zutaten abhängig ist. Mit einem gemischten grünen Salat oder frischem Gemüse servieren.

3 Eßlöffel Olivenöl
1 Eßlöffel Butter
4 Hähnchenbrüste (mit Knochen, ohne Haut)
175 ml trockener Weißwein
4 – 6 Salbeiblätter (grob gehackt)
Salz und frisch gemahlener schwarzer Pfeffer
3 Eßlöffel Balsamessig
Salbeiblätter zum Garnieren

Öl und Butter in einer großen Pfanne erhitzen, bis es schäumt. Die Hähnchenbrüste zugeben. Bei schwacher bis mittlerer Hitze in 5 – 7 Minuten auf beiden Seiten goldbraun braten.

Den Wein über die Hähnchenbrüste gießen. Mit Salbei bestreuen. Mit Salz und Pfeffer würzen. Die Pfanne schließen und das Gericht bei schwacher Hitze ca. 15 Minuten köcheln. Gelegentlich Soße mit einem Löffel über das Fleisch gießen. Die Hähnchenbrüste nach der Hälfte der Garzeit wenden.

Die Hähnchenbrüste aus der Pfanne nehmen und auf vorgewärmte Servierteller geben. Warm halten. Den Balsamessig in die Pfanne gießen und bei starker Hitze unter ständigem Rühren die Soße einkochen. Diese über die Hähnchenbrüste gießen, mit Salbei garnieren und sofort servieren.

4 Portionen
Vorbereitungszeit: *ca. 5 Minuten*
Garzeit: *25 – 30 Minuten*

Tip: Hähnchenbrust am Knochen hat besonders zartes, saftiges Fleisch und trocknet während des Kochens nicht aus. Sie erhalten sie problemlos beim Geflügelhändler. Hähnchenbrust ohne Knochen ist in Supermärkten leichter zu bekommen und kann auch für dieses Gericht verwendet werden. Dieses Fleisch häufig mit Fett bestreichen und nicht zu lange garen. Die Garzeit sollte 15 Minuten nicht überschreiten.

Gegrillte Stubenküken

2 Stubenküken (gespalten)
125 ml Olivenöl
6 Eßlöffel Zitronensaft
2 Eßlöffel gemischte Pfefferkörner (grob zerdrückt)
grobes Meer- oder Steinsalz
Zitronenachtel zum Servieren

Die Stubenküken in eine Schüssel geben und mit der Spitze eines kleinen Küchenmessers rundherum einstechen.

Das Öl, den Zitronensaft und die zerdrückten Pfefferkörner verschlagen. Die Marinade großzügig über die Stubenküken streichen. Abdecken und mindestens 4 Stunden im Kühlschrank durchziehen lassen.

Den Holzkohlengrill vorbereiten. Die Hautseite der Stubenküken mit Salz bestreuen und die Küken mit der Hautseite nach unten auf den Grillrost legen. Zirka 15 Minuten grillen. Die Stubenküken wenden und ca. 10 weitere Minuten grillen.

Die Stubenküken vom Grill nehmen. Jedes mit einer Geflügelschere der Länge nach in der Mitte halbieren. Heiß servieren, Zitronenachtel zum Auspressen dazu reichen.

4 Portionen
Vorbereitungszeit: *ca. 10 Minuten, zuzüglich Marinierzeit*
Garzeit: *ca. 25 Minuten*

Tip: Zum Grillen sollten Stubenküken und Hähnchen gespalten werden. Den Vogel mit der Brust nach unten auf eine Arbeitsfläche legen. Das Rückgrat an beiden Seiten mit der Geflügelschere herausschneiden und entfernen. Den Vogel mit der Brustseite nach oben hinlegen. Mit dem Handballen kräftig auf das Brustbein drücken, damit es bricht und das Geflügel flach wird. Zwei Spieße quer durch den Vogel stecken, damit er während des Grillens flach bleibt. Einen durch die Flügel, den anderen durch die Schenkel stechen.

Wildschwein
mit Würsten und Polenta

Marinade
750 ml Rotwein
1 Zwiebel (grob gehackt)
1 Möhre (grob gehackt)
1 Stange Staudensellerie (grob gehackt)
1 Lorbeerblatt
je 1 Zweig Salbei und Rosmarin
1 Eßlöffel schwarze Pfefferkörner (zerdrückt)
1 Eßlöffel Wacholderbeeren (zerdrückt)

6 Eßlöffel Olivenöl
1 Zwiebel (fein gehackt)
1 Möhre (fein gehackt)
1 Stange Staudensellerie (fein gehackt)
1 Knoblauchzehe (durch die Presse gedrückt)
1 kg entbeinte Wildschweinschulter (in große Würfel geschnitten)
2 Salamellewürste (in Stücke geschnitten)
600 ml Rinderbrühe (siehe Seite 10)
300 ml Rotwein
125 ml passierte Tomaten
2 Eßlöffel gehackte Petersilie
1 Teelöffel gehackter Salbei
1 Teelöffel gehackter Thymian
Salz und frisch gemahlener schwarzer Pfeffer
Salbeiblätter zum Garnieren

Polenta
250 ml Milch
250 g Instant-Polentagrieß
50 g Butter
1 Teelöffel Salz

Für die Marinade alle Zutaten in einem Topf aufkochen. In eine große Schüssel gießen, abkühlen lassen und das Fleisch zugeben. Abdecken und im Kühlschrank über Nacht marinieren. Fleisch mit einem Schaumlöffel aus der Marinade herausnehmen. Mit Küchenpapier trockentupfen. Marinade wegschütten.

Olivenöl in einem Bräter erhitzen. Zwiebel, Möhre, Sellerie und Knoblauch zugeben. Bei schwacher Hitze unter häufigem Rühren ca. 5 Minuten dünsten.

Das Fleisch und die Würste zugeben und bei mittlerer Hitze unter Rühren rundherum anbraten. Brühe, Wein und passierte Tomaten zugießen. Aufkochen. Bei schwacher Hitze die Kräuter zugeben. Mit Salz und Pfeffer würzen. Den Bräter schließen und das Fleisch ca. 2 Stunden schmoren.

Für die Polenta 750 ml Wasser in einem großen Topf zum Kochen bringen. 1 Teelöffel Salz zugeben. Die Polenta langsam einstreuen, dabei mit einem Holzlöffel rühren. Bei schwacher Hitze unter ständigem Rühren ca. 8 Minuten oder nach Packungsanweisung garen. Aus dem Topf nehmen und die Butter untermischen, bis sie geschmolzen ist.

Die Polenta auf 4 vorgewärmte Servierteller verteilen. Das Schmorfleisch darüber verteilen. Mit Salbeiblättern garnieren und sofort servieren.

4 Portionen
Vorbereitungszeit: *ca. 30 Minuten, plus Marinierzeit*
Garzeit: *2 – 2 ½ Stunden*

Tip: Wildschweinfleisch erhalten Sie beim Wildhändler. Statt dessen können Sie für dieses Gericht auch Rehfleisch nehmen.

Hähnchen

mit Tomaten und Pfefferschote

Dieses Gericht sieht schön aus und ist leicht zuzubereiten. Dazu passen Salzkartoffeln und ein gemischter Salat.

3 – 4 Eßlöffel Olivenöl
1 kleine Zwiebel (in Scheiben geschnitten)
2 Knoblauchzehen (durch die Presse gedrückt)
1 küchenfertiges Hähnchen, ca. 1,2 kg (in Teile zerlegt)
1 kleines Stück Pfefferschote (gehackt; Dose)
4 Tomaten
Salz und frisch gemahlener schwarzer Pfeffer
1 Eßlöffel Tomatenmark
3 – 4 Eßlöffel trockener Weißwein
einige Zweige Rosmarin
6 – 8 Teelöffel Hühnerbrühe (siehe Seite 11)

Das Öl in einem Schmortopf erhitzen. Die Zwiebel und den Knoblauch zugeben und ca. 15 Minuten bei schwacher Hitze dünsten.

Die Hähnchenteile mit der Pfefferschote und den ganzen Tomaten zugeben. Mit Salz und Pfeffer würzen. Bei mittlerer Hitze von allen Seiten anbraten.

Tomatenmark mit etwas lauwarmem Wasser mischen und mit dem Wein in den Topf zum Hähnchen und den anderen Zutaten geben.

Den Topf schließen und das Gericht bei schwacher Hitze ca. 30 Minuten schmoren.

Die Nadeln von 1 Rosmarinzweig hacken und über das Hähnchen streuen.

Zirka 30 Minuten weiterschmoren, bis das Hähnchen gar ist. Gelegentlich Brühe zugießen.

Mit dem restlichen Rosmarin garnieren und heiß servieren.

4 Portionen
Vorbereitungszeit: *20 – 30 Minuten*
Garzeit: *ca. 1 ½ Stunden*

Hähnchen
mit Ei- und Käsefüllung

Dies ist eine völlig neue Art, ein Hähnchen zuzubereiten. Ein Triumph des italienischen Geschmacks und Erfindungsreichtums.

25 g Butter
1 küchenfertiges Hähnchen mit Geflügelklein, ca. 1,5 kg
150 g getrocknete Brotkrumen
3 Tomaten (gehäutet; siehe Seite 20; und gehackt)
1 Ei (verschlagen)
100 g Pecorino (gerieben)
7 Eßlöffel Milch
4 Eßlöffel Sahne
1 hartgekochtes Ei (gepellt)
4 Eßlöffel Olivenöl
Salz und frisch gemahlener schwarzer Pfeffer

Die Butter in einer Pfanne zerlassen. Das Geflügelklein hacken, in die Pfanne geben und ca. 10 Minuten bei schwacher Hitze braten.

Die Brotkrumen zugeben und mitbraten, bis sie knusprig sind. Die Tomaten zufügen und alles ca. 10 Minuten köcheln lassen. Von der Kochstelle nehmen und abkühlen lassen.

Verschlagenes Ei, Käse, Milch und Sahne zu der Tomatenmischung geben. Mit Salz und Pfeffer würzen und gründlich mischen.

Das Hähnchen mit der Mischung füllen. Das hartgekochte Ei in die Mitte der Füllung stecken. Die Öffnung mit Küchengarn zunähen.

Das Hähnchen in eine gefettete Bratform geben. Das Olivenöl darübergießen. Mit Salz und Pfeffer bestreuen.

Im vorgeheizten Ofen bei 200 Grad, Gas Stufe 3 – 4, Umluft 180 Grad ca. 1 ½ Stunden braten, bis das Hähnchen gar ist. Sofort servieren.

6 Portionen
Vorbereitungszeit: *ca. 30 Minuten*
Garzeit: *1 1/2 – 2 Stunden*
Ofentemperatur: *200 Grad, Gas Stufe 3 – 4, Umluft 180 Grad*

Perlhuhn

mit Tomaten, in Butter geschwenkt

Einst ein Wildvogel, wird das mit dem Fasan verwandte Perlhuhn längst als Haustier gehalten. Sein Fleisch hat einen markanten Geschmack und eignet sich zum Schmoren oder Braten.

1 Perlhuhn, ca. 1,5 kg (zerlegt, siehe Tip)
Salz und Pfeffer
50 g Butter
2 – 3 Eßlöffel Olivenöl
450 g Tomaten (gehäutet; siehe Seite 20; ohne Kernchen und in Scheiben geschnitten) oder
400 g Tomatenfruchtfleisch (Dose; in Scheiben geschnitten)
1 Eßlöffel gehackte Petersilie zum Garnieren

Das Perlhuhn mit Salz und Pfeffer würzen. Die Butter und das Öl in einem Bräter erhitzen. Die Perlhuhnstücke bei mittlerer Hitze von allen Seiten darin bräunen.

Bräter schließen und das Huhn bei schwacher Hitze 25 – 35 Minuten braten. Huhnstücke gelegentlich wenden. Herausnehmen, warm stellen.

Bis auf einen kleinen Rest das Bratfett aus der Pfanne abgießen. Tomaten in die Pfanne geben und bei mittlerer Hitze etwas einkochen. Abschmecken. In eine Servierschüssel geben, mit Petersilie bestreuen und heiß mit kleinen Röstkartoffeln servieren.

4 Portionen
Vorbereitungszeit: *15 – 20 Minuten*
Garzeit: *40 – 45 Minuten*

Tip: Um das Perlhuhn zu zerlegen, dieses mit der Brustseite nach oben auf ein Brett legen. Haut zwischen Schenkel und Brust mit einem Messer durchtrennen. Das ganze Bein (Schenkel und Keule) nach außen biegen, damit der Oberschenkelknochen aus der Gelenkpfanne springt. Durch das Gelenk zwischen Schenkel und Keule schneiden. Vorgang auf der anderen Seite wiederholen. Flügelspitzen abschneiden, wegwerfen. Brust vom Flügel trennen, Flügel genauso aus der Gelenkpfanne springen lassen wie den Oberschenkel. Durchtrennen. Brust in zwei Stücke schneiden.

Truthahnbrust

mit Parmesan, Ei und Spinat

2 Eier
50 g Parmesan (gerieben)
3 – 4 Eßlöffel Olivenöl
300 g Spinat (gehackt)
1 Prise Muskatnuß
4 Scheiben magerer, durchwachsener Speck
2 Truthahnbrustfilets, à 250 – 300 g
25 g Butter
300 ml trockener Weißwein
½ Teelöffel Rosmarin (gehackt)
Salz und frisch gemahlener schwarzer Pfeffer

Die Eier und den Parmesan mit dem Schneebesen verschlagen und würzen. 1 knappen Eßlöffel Olivenöl in einer Pfanne von ca. 15 cm Durchmesser erhitzen. Die Hälfte der Ei-Käse-Mischung auf beiden Seiten darin goldbraun braten. In 1 weiteren Eßlöffel Olivenöl 1 weiteres Omelett zubereiten.

1 Eßlöffel Öl in einer anderen Pfanne erhitzen. Den Spinat bei mittlerer Hitze darin weich dünsten. Mit Muskatnuß, Salz und Pfeffer würzen.

Jeweils 1 Omelett mit der Hälfte des Spinats und 2 Scheiben durchwachsenem Speck auf 1 vorbereitetes Truthahnbrustfilet (siehe Tip) legen. Zum spitzen Ende aufrollen. Mit in kaltem Wasser eingeweichten Zahnstochern und Küchengarn fixieren.

Butter und 1 Eßlöffel Öl in einem ofenfesten Topf erhitzen und die Truthahnrollen von allen Seiten darin bräunen. Den Wein darübergießen, Rosmarin zugeben und würzen. Zudecken und im vorgeheizten Ofen bei 180 Grad, Gas Stufe 2 – 3, Umluft 160 Grad 1 – 1 ¼ Stunden schmoren. Truthahnrollen aus dem Topf nehmen. Zahnstocher und Küchengarn entfernen. Rollen in dicke Scheiben schneiden und auf einer Servierplatte anrichten. Schmorflüssigkeit darübergießen. Mit Spinat servieren.

4 – 6 Portionen
Vorbereitungszeit: *40 – 45 Minuten*
Garzeit: *1 ¼ – 1 ½ Stunden*
Ofentemperatur: *180 Grad, Gas Stufe 2 – 3, Umluft 160 Grad*

Tip: Zur Vorbereitung der Truthahnfilets das Fleisch auf ein Brett legen. Mit einem spitzen, kleinen Küchenmesser in die dickste Seite stechen und das Filet entlang der Längsseite aufschneiden. Ausklappen und flach klopfen. Die weiße Sehne mit der Messerspitze entfernen.

Truthahn

mit Wacholder und Granatäpfeln

1 küchenfertiger Truthahn mit Geflügelklein, ca. 2 kg
Salz und frisch gemahlener schwarzer Pfeffer
50 g Butter (gewürfelt)
150 ml Olivenöl
4 Wacholderbeeren
2 Zweige Rosmarin, davon 1 Zweig zum Garnieren
200 ml trockener Weißwein
2 Granatäpfel
Saft von ½ Zitrone
4 Eßlöffel Hühnerbrühe (siehe Seite 11)

Den Truthahn von innen und außen mit Salz bestreuen. ⅓ der Butter in die Bauchhöhle geben. Die Öffnung mit Küchengarn zunähen. Den Truthahn in eine gefettete Bratform geben.

Die restliche Butter, 7 Eßlöffel Öl, Wacholderbeeren und Rosmarin darübergeben. Den Wein darübergießen. Im vorgeheizten Ofen bei 180 Grad, Gas Stufe 2 – 3, Umluft 160 Grad ca. 1 ½ Stunden rösten. Den Truthahn immer wieder mit Wein und Bratflüssigkeit begießen.

Den Saft von 1 Granatapfel zugießen. Zirka 1 Stunde weiterbraten, bis der Truthahn fast gar ist.

In der Zwischenzeit die Truthahnleber und den Magen fein hacken. Das restliche Öl in einer Pfanne erhitzen. Leber und Magen zugeben und braun braten. Von der Kochstelle nehmen und beiseite stellen.

Saft des zweiten Granatapfels zum Truthahn geben. Truthahn mit Salz und Pfeffer würzen. Zirka weitere 10 Minuten rösten. Den Truthahn herausnehmen, tranchieren und in einer ofenfesten Form anrichten.

Das Fett vom Bratensaft abschöpfen. Zitronensaft und Brühe in die Bratform gießen. Bei mittlerer Hitze die Soße zur Hälfte einkochen lassen. Durch ein Sieb zur Geflügelkleinmischung gießen. Diese Soße über die Truthahnstücke gießen und alles für weitere 7 – 8 Minuten im Ofen erhitzen. Mit 1 Rosmarinzweig garnieren und servieren.

8 Portionen
Vorbereitungszeit: *ca. 30 Minuten*
Garzeit: *ca. 2 Stunden 50 Minuten*
Ofentemperatur: *180 Grad, Gas Stufe 2 – 3, Umluft 160 Grad*

Geschmorter Fasan *mit würzigem Risotto*

In der italienischen Küche wird häufig Wildgeflügel zubereitet. Der Risotto schmeichelt dem Fasan besonders.

1 küchenfertiger Fasan, ca. 1,25 kg
Salz
4 Scheiben durchwachsener Speck
4 Eßlöffel Olivenöl
1 Zwiebel (gehackt)
1 Möhre (gehackt)
1 Stange Staudensellerie (gehackt)
1 Lorbeerblatt
150 ml Hühnerbrühe (siehe Seite 11)

Risotto

50 g Butter
1 kleine Zwiebel (gehackt)
325 g Arborio-Reis
3 – 4 Eßlöffel trockener Weißwein
1 l heiße Hühnerbrühe (siehe Seite 11)
50 g Parmesan (gerieben)
frisch gemahlener schwarzer Pfeffer

Den Fasan von innen und außen mit Salz bestreuen. Speck um die Außenseite wickeln und mit Küchengarn fixieren.

Das Öl in einem Schmortopf erhitzen. Gehacktes Gemüse und Lorbeerblatt zugeben und etwas anbraten. Den Fasan zugeben und braten, bis er von allen Seiten gebräunt ist. Den Topf schließen und den Fasan bei schwacher Hitze ca. 40 Minuten schmoren. Gelegentlich etwas Brühe zugießen.

In der Zwischenzeit für den Risotto die Butter in einer Pfanne zerlassen. Die Zwiebel zugeben und ca. 5 Minuten darin anbraten. Den Reis zugeben und bei mittlerer Hitze 2 – 3 Minuten rühren. Unter ständigem Rühren den Wein zugießen, bis die Flüssigkeit verdampft ist. Zirka 20 Minuten weiterkochen. Jeweils 1 Tasse voll Brühe zugießen, wenn die Flüssigkeit verdampft ist.

Den Risotto von der Kochstelle nehmen. Parmesan unterrühren. Mit Salz und Pfeffer würzen und in eine vorgewärmte Servierschüssel geben. Den Fasan aus dem Topf nehmen und auf den Risotto legen. Die Schmorflüssigkeit darübergießen. Sofort servieren.

4 – 6 Portionen
Vorbereitungszeit: *ca. 30 Minuten*
Garzeit: *ca. 1 Stunde 10 Minuten*

Wildkaninchen

mit Rotwein und Oliven

Durch diese Zubereitung wird der angenehme Geschmack des Wildkaninchenfleischs besonders hervorgehoben.

7 Eßlöffel Olivenöl
1 Wildkaninchen, ca. 1,25 kg (in Portionsstücke geteilt)
2 Knoblauchzehen (durch die Presse gedrückt)
1 Zweig Rosmarin (gehackt)
200 ml Rotwein
Salz und frisch gemahlener schwarzer Pfeffer
6 – 8 Eßlöffel Hühnerbrühe (siehe Seite 11)
2 Tomaten (gehäutet; siehe Seite 20; und zerdrückt)
250 g schwarze Oliven (halbiert und entsteint)

Das Öl in einem Schmortopf erhitzen. Die Kaninchenteile zugeben. Mit Knoblauch und Rosmarin bestreuen.

Bei mittlerer Hitze unter Wenden anbraten, bis das Kaninchen von allen Seiten gebräunt ist.

Den Rotwein zugießen. Mit Salz und Pfeffer würzen. Den Topf schließen und das Fleisch ca. 30 Minuten schmoren. Falls nötig, etwas Brühe zugießen.

Die zerdrückten Tomaten und die Oliven zugeben. Zirka weitere 40 Minuten schmoren, bis das Kaninchen gar ist. Auf Tagliatelle heiß servieren.

4 Portionen
Vorbereitungszeit: *ca. 10 Minuten*
Garzeit: *ca. 1 ¼ Stunden*

Tip: Versuchen Sie nach Möglichkeit, ein Wildkaninchen zu bekommen, sein Geschmack ist weitaus besser als der von Hauskaninchen. Falls Ihr Wildhändler keines vorrätig hat, nehmen Sie ein Hauskaninchen – es schmeckt ebenfalls sehr gut.

Kaninchen
mit Fenchel und Speck gefüllt

Fenchel und Schinken lassen sich wunderbar mit Kaninchen kombinieren und schmecken mit Pasta und einem grünen Salat.

250 g Fenchel (geviertelt; ohne Grün)
3 Knoblauchzehen (geschält)
Salz
1 Kaninchen (ca. 1,25 kg; mit Leber)
125 g Speck oder roher Schinken
7 Eßlöffel Olivenöl
125 g frische Brotkrumen (in etwas Milch aufgeweicht und ausgedrückt)
frisch gemahlener schwarzer Pfeffer
Fenchelgrün zum Garnieren

Den Fenchel und 2 Knoblauchzehen mit kochendem Salzwasser bedecken und ca. 15 Minuten erhitzen. Abgießen und abtropfen lassen. Die Kochflüssigkeit dabei auffangen. Den Knoblauch wegwerfen. Den Fenchel fein hacken.

Die Kaninchenleber, den Speck oder rohen Schinken und die dritte Knoblauchzehe fein hacken. 2 Eßlöffel Öl in einer Pfanne erhitzen. Fenchel und Lebermischung zugeben.

Zirka 10 Minuten bei schwacher Hitze anbraten. Die Brotkrumen untermischen. Mit Salz und Pfeffer würzen. Kaninchen mit der Mischung füllen. Öffnung mit Küchengarn zunähen.

Das Kaninchen in eine Bratform geben. Mit restlichem Öl begießen. Mit Salz und Pfeffer bestreuen.

Die Form mit Alufolie schließen und das Kaninchen im vorgeheizten Ofen bei 180 Grad, Gas Stufe 2 – 3, Umluft 160 Grad ca. 1 ½ Stunden garen. Gelegentlich mit der Fenchelkochflüssigkeit begießen. Das Kaninchen auf eine mit Fenchel belegte Servierplatte geben. Heiß servieren.

4 Portionen
Vorbereitungszeit: *15 – 20 Minuten*
Garzeit: *ca. 2 Stunden*
Ofentemperatur: *180 Grad, Gas Stufe 2 – 3, Umluft 160 Grad*

Hasentopf

Feldhase hat einen sehr kräftigen Geschmack, der durch die aromatische Marinade mit Wacholder und Pfefferkörnern besonders hervorgehoben wird.

1 Feldhase (ca. 2 kg, in Portionsstücke zerlegt)
Marinade (Rezept siehe Tip)
50 g Weizenmehl (mit 1 Teelöffel getrockneten Kräutern, Salz und Pfeffer gemischt)
50 g Butter
2 Eßlöffel Olivenöl
2 Eßlöffel Weinbrand
Salz und Pfeffer

Die Hasenteile in eine tiefe Schüssel geben. Gemüse, Kräuter, Gewürze, Rotwein und Essig der Marinade (siehe Tip) zugeben. Abdecken und 24 – 48 Stunden im Kühlschrank durchziehen lassen. Die Hasenteile gelegentlich in der Flüssigkeit wenden.

Die Hasenteile aus der Marinade nehmen, die Marinade abstreichen und auffangen. Fleisch mit dem gewürzten Mehl panieren. Butter und Öl in einem Schmortopf erhitzen. Die Hasenteile von allen Seiten darin anbraten.

Die gesamte Marinade zugießen. Mit Salz und Pfeffer würzen. Aufkochen, Topf schließen und das Gericht im vorgeheizten Ofen bei 190 Grad, Gas Stufe 3, Umluft 170 Grad ca. 2 Stunden schmoren, bis das Fleisch gar ist.

Hasenteile aus dem Topf nehmen, auf eine Servierplatte legen. Kräuter und Gewürze aus der Soße nehmen. Soße mit dem Gemüse pürieren. Wieder in den Topf geben. Falls nötig, etwas einkochen, mit Salz und Pfeffer abschmecken. Weinbrand zugießen, aufkochen, über die Hasenteile gießen.

4 – 6 Portionen
Vorbereitungszeit: *30 – 40 Minuten, plus Marinierzeit*
Garzeit: *2 1/4 – 2 3/4 Stunden*
Ofentemperatur: *190 Grad, Gas Stufe 3, Umluft 170 Grad*

Tip: Marinaden machen Wild und Fleisch zarter. Außerdem verleihen sie zusätzlichen Geschmack. Hier ein typisches Rezept: 1 Möhre, 1 Stange Staudensellerie und 1 große Zwiebel (alles in feine Scheiben geschnitten), 1 – 2 Knoblauchzehen (durch die Presse gedrückt), 6 – 8 Petersilienstengel, 1 Zweig Thymian oder Rosmarin, 2 Lorbeerblätter, 4 Wacholderbeeren, 8 Pfefferkörner, 600 ml Rotwein.

Reh *mit Weinbrand-Johannisbeer-Soße*

650 – 750 g Rehfleisch aus der Keule oder Schulter (gewürfelt)
Marinade (Rezept siehe Tip Seite 164)
2 Eßlöffel Olivenöl
125 g durchwachsener Speck (gewürfelt)
2 – 3 Eßlöffel Mehl (mit 1 Teelöffel getrockneten Kräutern, Salz und Pfeffer gemischt)
6 – 8 Eßlöffel rotes Johannisbeergelee
2 Eßlöffel Grappa oder Weinbrand
Salz und Pfeffer

Rehfleisch und Marinade in eine Schüssel geben. Abdecken und mindestens 24 Stunden im Kühlschrank durchziehen lassen. Rehfleisch gelegentlich wenden. Fleisch aus der Marinade nehmen, abtropfen lassen, die Marinade abstreifen.

Das Öl in einer Pfanne erhitzen und den Speck darin goldbraun braten. Aus der Pfanne nehmen. Das Rehfleisch im gewürzten Mehl wenden und im heißen Öl von allen Seiten bräunen.

Speck und Marinade zugeben. Leicht würzen, abdecken und bei schwacher Hitze oder im vorgeheizten Ofen bei 180 Grad, Gas Stufe 2 – 3, Umluft 160 Grad 1 ½ – 2 Stunden schmoren.

Das Rehfleisch aus der Pfanne nehmen und zugedeckt warm halten. Die Schmorflüssigkeit durch ein Sieb in eine saubere Pfanne streichen. 2 Eßlöffel rotes Johannisbeergelee mit dem Schneebesen unterschlagen. So lange kochen, bis die Soße zur gewünschten Konsistenz eindickt. Über das Fleisch gießen und warm halten.

Das restliche rote Johannisbeergelee in einer Pfanne erhitzen und mit dem Schneebesen cremig schlagen. Grappa oder Weinbrand zugießen und ca. 1 Minute kochen lassen. In einer Sauciere separat zum Rehgericht reichen.

4 – 6 Portionen
Vorbereitungszeit: *30 – 35 Minuten, plus 24 Stunden Marinierzeit*
Garzeit: *1 ½ – 2 ½ Stunden*
Ofentemperatur: *180 Grad, Gas Stufe 2 – 3, Umluft 160 Grad*

Pizza, Reis und Polenta

Teig *für hausgemachte Pizza*

Es ist kein großer Aufwand und macht Spaß, seinen eigenen Pizzateig zuzubereiten. Dieses Rezept ergibt einen ausgezeichneten Pizzaboden.

25 g frische Hefe
300 ml warmes Wasser
425 g Weizenmehl,
zusätzlich etwas zum Einarbeiten in den Teig
1 Teelöffel Salz

Die Hefe mit etwas warmem Wasser in einer kleinen Schüssel verrühren, bis sie sich vollständig aufgelöst hat. Mehl und Salz in eine große Rührschüssel sieben.

In die Mitte eine Vertiefung drücken und das restliche warme Wasser zusammen mit der aufgelösten Hefe in die Mulde gießen. Mit den Händen vorsichtig das Mehl nach und nach in die Flüssigkeit einarbeiten, bis ein klebriger, geschmeidiger Teig entsteht.

Den Teig auf einer bemehlten Arbeitsfläche kneten. Falls nötig, zusätzliches Mehl unterarbeiten, bis der Teig nicht mehr klebenbleibt. Zirka 10 Minuten kneten, bis der Teig sehr geschmeidig und elastisch ist. Den Teig zur Kugel, bei der Zubereitung von mehr als 1 Pizza in die benötigte Anzahl von Kugeln formen.

Den Boden der Rührschüssel mit Mehl bestreuen. Teig mit einem Tuch zugedeckt ca. 1 Stunde bei Zimmertemperatur gehen lassen. Der Teig ist fertig zum Ausrollen, wenn sich sein Volumen verdoppelt hat.

4 Portionen (2 große, 4 kleine Pizzen)
Vorbereitungszeit: *ca. 10 Minuten, plus Zeit zum Kneten und Gehenlassen des Teiges*

Tip: Diese Teigmenge reicht für zwei große runde Pizzen von ca. 30 cm Durchmesser, für ein großes rechteckiges Pizzablech oder für vier kleine Bleche von ca. 20 cm Durchmesser. Der Teig wird ca. 5 mm dünn ausgerollt. Spezielle Pizzableche geben Pizzaböden die richtige Form.

Herzhafte Pizza

mit Zwiebeln und Eiern

Die Pizza soll von sparsamen Neapolitanern erfunden worden sein, um übriggebliebenen Brotteig aufzubrauchen. Dieses Rezept zeigt, wie Sie mit einfachsten Zutaten köstliche Ergebnisse erzielen können.

4 – 5 Eßlöffel Olivenöl
750 g – 1 kg Zwiebeln (in feine Scheiben geschnitten)
Salz und Pfeffer
½ Pizzateig (Rezept siehe Seite 170)
2 – 3 hartgekochte Eier (in Scheiben geschnitten)
1 – 2 Eßlöffel gehackte Petersilie zum Garnieren

3 – 4 Eßlöffel Öl in einer Pfanne erhitzen und Zwiebeln darin bei mittlerer Hitze braten, bis sie weich und leicht gebräunt sind. Mit Salz und Pfeffer würzen.

Den Teig zu 2 runden Platten von ca. 30 cm Durchmesser ausrollen und auf ein Backblech legen. Die Zwiebeln auf dem Teig verteilen.

Die Pizzen im vorgeheizten Ofen bei 230 Grad, Gas Stufe 5, Umluft 210 Grad 15 – 20 Minuten backen, bis sie schön aufgegangen und goldbraun sind.

Die Eierscheiben auf der Oberfläche verteilen. Restliches Öl darübergießen und die Pizzen weitere 2 – 3 Minuten in den Ofen schieben. Zum Servieren mit gehackter Petersilie bestreuen.

2 Portionen
Vorbereitungszeit: *ca. 20 Minuten*
Garzeit: *15 – 20 Minuten*
Ofentemperatur: *230 Grad, Gas Stufe 5, Umluft 210 Grad*

Tip: Diese Pizza kann heiß oder kalt serviert werden. Wenn sie kalt serviert werden soll, wird sie nach dem Auflegen der Eierscheiben nicht wieder in den Ofen geschoben.

Osterpizza

Zu Ostern werden in Italien viele traditionelle Gerichte aufgetragen, unter anderem diese festliche Pizza.

3 Eier
75 g Parmesan (gerieben)
75 g Pecorino (gerieben)
Salz
Pizzateig (Rezept siehe Seite 170; noch nicht aufgegangen)
125 ml Olivenöl, zusätzlich etwas zum Beträufeln
150 g Weizenmehl
175 – 250 g Salami
1 – 2 hartgekochte Eier (in Scheiben geschnitten)
schwarze Oliven zum Garnieren
frisch gemahlener schwarzer Pfeffer

Eier und Käse verschlagen und mit Salz würzen. Den Pizzateig durchkneten und zu einem kleinen Kreis ausrollen. Etwas Olivenöl und Mehl in die Mitte geben. Die Ränder darüberfalten und erneut rund ausrollen. Den Vorgang wiederholen, bis das gesamte Öl und Mehl eingearbeitet ist. Den Teig kneten, bis er sehr elastisch ist.

Den Teig zu einem größeren Kreis ausrollen. Die Eimischung in die Mitte geben. Die Ränder darüberfalten und den Teig kneten, bis die Mischung in den Teig eingearbeitet ist. In eine gefettete Schüssel geben, abdecken und 1 – 1 ½ Stunden an einem warmen Ort ruhen lassen, bis sich das Volumen verdoppelt hat.

Den Teig nochmals gut durchkneten und in eine gefettete Backform von 24 cm Durchmesser geben. Abdecken und nochmals gehen lassen, bis sich das Volumen verdoppelt hat. Im vorgeheizten Ofen bei 230 Grad, Gas Stufe 5, Umluft 210 Grad 20 – 30 Minuten backen, bis der Teig hohl klingt, wenn man daraufklopft.

Den Pizzakuchen auf ein Backblech stürzen und für einige Minuten zurück in den Ofen stellen, bis der Teig oben goldbraun ist. Salami, Eier und Oliven auf der Oberfläche arrangieren. Etwas Olivenöl über die Eier träufeln und die Pizza nochmals für einige Minuten in den Ofen schieben. Mit Salz und Pfeffer bestreuen. Sofort servieren.

8 – 10 Personen
Vorbereitungszeit: *ca. 30 Minuten, plus Ruhezeit und Zeit zum Gehenlassen des Teiges*
Garzeit: *25 – 30 Minuten*
Ofentemperatur: *230 Grad, Gas Stufe 5, Umluft 210 Grad*

Safran-Risotto

mit Wurst und Paprikaschoten

Dieser köstliche Risotto ist aromatisch und sieht schön aus. Er gelingt am besten mit Arborio-Reis.

1 Prise Safranfäden
3 Eßlöffel Olivenöl
1 kleine Möhre (fein gehackt)
1 rote Zwiebel (fein gehackt)
1 Stange Staudensellerie (fein gehackt)
250 g italienische Wurst (gewürfelt)
2 frische Salbeiblätter
je 1 rote und grüne Paprikaschote
(geputzt und in Streifen geschnitten)
400 g Pizzatomaten (Dose; abgetropft)
400 g Arborio-Reis
Salz
50 – 75 g Parmesan (gerieben)
frisch gemahlener schwarzer Pfeffer
1 Zweig frischer Salbei zum Garnieren

Die Safranfäden in eine kleine Schüssel geben. 2 Eßlöffel kochendes Wasser darübergießen und beiseite stellen.

Das Öl erhitzen und Möhre, Zwiebel, Sellerie und Wurst darin bräunen. Salbei und Paprika zugeben. Einige Minuten kochen lassen. Die Tomaten mit dem Saft zugeben. Die Mischung würzen und ca. 30 Minuten kochen lassen, bis das Gemüse gar und der meiste Saft verdampft ist.

In der Zwischenzeit den Reis in einer großen Pfanne in kochendem Salzwasser in 12 – 15 Minuten bißfest garen. Abgießen, abtropfen lassen und zurück in die Pfanne geben. Das Safranwasser unterrühren. Falls nötig, bei schwacher Hitze rühren, bis der Reis trocken ist.

Gemüse-Wurst-Mischung, Parmesan und etwas Pfeffer unterrühren. Den Risotto in eine ofenfeste Form füllen. Im vorgeheizten Ofen bei 200 Grad, Gas Stufe 3 – 4, Umluft 180 Grad 5 – 10 / 10 – 15 Minuten backen, bis der Risotto goldbraun ist. Heiß, mit Salbei garniert, servieren.

4 Portionen
Vorbereitungszeit: *20 – 25 Minuten*
Garzeit: *50 – 60 Minuten*
Ofentemperatur: *200 Grad, Gas Stufe 3 – 4, Umluft 180 Grad*

Tip: Sie können Safranpulver oder ganze Fäden kaufen. Beides wird auf die gleiche Art verwendet. Wenn Sie keinen Safran bekommen, verwenden Sie etwas Kurkuma, um den Reis zu färben.

Cremiger Risotto

mit Fontina und Gorgonzola

400 g Rundkornreis
Salz
150 g Fontina
150 g Gorgonzola
450 ml Milch (erhitzt)
75 g Butter
40 g Weizenmehl
Pfeffer
175 g Schlagsahne

Den Reis in kochendem Salzwasser bißfest garen. Abgießen und abtropfen lassen.

Vom Fontina die Rinde entfernen, Käse würfeln und in eine große Schüssel geben. Den Gorgonzola in kleine Stücke schneiden. Die Milch erwärmen.

2/3 der Butter in einer Pfanne zerlassen. Das Mehl einrühren. Die heiße Milch nach und nach unter stetigem Rühren zugießen.

Den Gorgonzola zugeben. Mit einer Prise Salz und Pfeffer würzen. Von der Kochstelle nehmen und die Sahne unterrühren.

Den abgetropften Reis in die Schüssel mit dem Fontina geben. Die restliche Butter untermischen.

Eine Schicht Reis in eine gefettete ofenfeste Form füllen. Mit 1/3 der Gorgonzolasoße bedecken. Diese Schichtung noch zweimal wiederholen.

Den Risotto im vorgeheizten Ofen bei 180 Grad, Gas Stufe 2 – 3, Umluft 160 Grad ca. 10 Minuten backen. Im Idealfall sollte der Reis sehr heiß, die Soße an der Oberfläche jedoch gerade noch nicht gebräunt sein. Sofort servieren.

4 Portionen
Vorbereitungszeit: *ca. 10 Minuten*
Garzeit: *30 – 40 Minuten*
Ofentemperatur: *180 Grad, Gas Stufe 2 – 3, Umluft 160 Grad*

Polenta

mit Fontina

Polenta ist eines der Grundnahrungsmittel der italienischen Küche – so wie hierzulande Kartoffeln! Polenta wird aus Maisgrieß hergestellt, der ihr die charakteristische goldgelbe Farbe verleiht.

325 g feiner Maisgrieß
Salz und frisch gemahlener schwarzer Pfeffer
250 g Fontina (gewürfelt)
50 g Parmesan (gerieben)
150 g Butter (geschmolzen)

2 Liter Wasser in einem großen Topf aufkochen. Den Grieß unter ständigem Rühren einrieseln lassen.

Salz und Pfeffer zugeben. Unterrühren und abschmecken.

Den Fontina zugeben. Die Polenta unter häufigem Rühren bei schwacher Hitze ca. 8 (bei schellgarendem Maisgrieß) oder 45 Minuten (bei gewöhnlichem Maisgrieß) köcheln lassen.

Die Polenta in flache Teller füllen. Mit Parmesan und etwas Pfeffer bestreuen. Die Butter darübergießen und das Gericht sofort servieren.

4 – 6 Portionen
Vorbereitungszeit: *ca. 10 Minuten*
Garzeit: *ca. 45 Minuten*

Tip: Damit es keine Klümpchen gibt, muß Polenta während des Kochens ständig gerührt werden. Schnellgarenden Maisgrieß oder Instant-Polenta bekommen Sie im italienischen Spezialitätengeschäft oder in großen Supermärkten. Seien Sie vorsichtig beim Polentakochen, denn die Masse spritzt während des Kochvorgangs. Am besten verwenden Sie einen Löffel mit langem Griff.

Gemüse-Risotto

Ein frischer Risotto mit viel Gemüse wird immer gern gegessen. Dieses Rezept kann leicht variiert werden, je nachdem, was Sie an Gemüse vorrätig haben und welches Gemüse gerade Saison hat.

50 g Butter
2 Eßlöffel Olivenöl
1 große Zwiebel (fein gehackt)
2 Knoblauchzehen (durch die Presse gedrückt)
150 g frische Spargelspitzen
175 – 200 g kleine Zucchini (in Scheiben geschnitten)
150 g frische gepalte oder tiefgefrorene Erbsen
350 g Arborio-Reis
Salz und Pfeffer
500 g Tomaten (gehäutet; siehe Seite 20; ohne Kerne und gehackt) oder 400 g Pizzatomaten (Dose; abgetropft)
1,25 Liter Hühnerbrühe (siehe Seite 11)
2 – 3 Eßlöffel geriebener Parmesan
Basilikumblätter zum Garnieren

Butter und Öl in einem großen Topf erhitzen. Zwiebel und Knoblauch darin braten, bis die Zwiebeln weich und leicht gebräunt sind.

Spargelspitzen, Zucchini und, falls verwendet, frische Erbsen zugeben. 2 – 3 Minuten mitbraten. Den Reis zugeben und mischen. Jeweils ein wenig Tomaten und Brühe nach und nach zugeben. Mit Salz und Pfeffer würzen.

Mischen und bei schwacher Hitze ca. 18 Minuten kochen lassen. Wenn der Reis vorher die Flüssigkeit bereits vollständig aufgenommen hat, heiße Brühe oder Wasser nachgießen. Tiefgefrorene Erbsen, falls verwendet, 5 Minuten vor Ende der Garzeit zugeben. Wenn der Reis gar ist, den Risotto abschmecken und den Parmesan unterrühren.

In eine Servierschüssel geben. Heiß, mit Basilikum bestreut, servieren.

4 Portionen
Vorbereitungszeit: 25 – 30 Minuten
Garzeit: ca. 45 Minuten

Tip: Probieren Sie den Risotto auch einmal mit Prinzeßbohnen, dicken Bohnen, in Scheiben geschnittenen Champignons oder Paprikaschoten.

Risotto

mit Wildpilzen

125 g Butter
1 Zwiebel (fein gehackt)
400 g Wildpilze (siehe Tip) oder Austernpilze (in dünne Scheiben geschnitten)
500 g Arborio-Reis
1,2 Liter heiße Hühnerbrühe (siehe Seite 11)
1 Prise Safranpulver oder Safranfäden
Salz und frisch gemahlener schwarzer Pfeffer
40 g Parmesan (gerieben), zusätzlich etwas zum Servieren

Die Hälfte der Butter in einem großen Topf erhitzen. Zwiebel darin bei schwacher Hitze vorsichtig glasig braten. Nicht bräunen.

Die Pilze zugeben und unter gelegentlichem Rühren 2 – 3 Minuten mitbraten. Reis zugeben und bei schwacher Hitze rühren, bis alle Reiskörner mit Butter überzogen sind und an den Enden glasig werden.

Eine Schöpfkelle Brühe unterrühren. Sanft kochen lassen, bis der Reis die gesamte Flüssigkeit aufgenommen hat. Auf diese Weise weiter Brühe zugießen, bis der Reis gar ist und die gesamte Flüssigkeit aufgenommen hat. Dies dauert ca. 15 – 20 Minuten.

Nach der Hälfte der Garzeit den Safran unterrühren. Häufig rühren, damit der Reis nicht anbrennt. Den Risotto mit Salz und Pfeffer würzen.

Wenn der Reis gar ist, restliche Butter und den Parmesan vorsichtig unterrühren. Der Risotto sollte keinesfalls trocken, sondern sehr saftig sein. Mit zusätzlichem geriebenem Parmesan servieren.

4 Portionen
Vorbereitungszeit: *ca. 5 Minuten*
Garzeit: *ca. 30 Minuten*

Tip: In diesem Risotto schmecken auch getrocknete Wildpilze sehr gut. Sie sind abgepackt in Supermärkten oder offen in italienischen Spezialitätengeschäften erhältlich. Sie mögen teuer erscheinen, werden jedoch lediglich in kleinen Mengen benötigt. Vor der Zubereitung die Pilze 20 – 30 Minuten in warmem Wasser einweichen.

Risotto *mit Meeresfrüchten*

Eine sehr angenehme Eigenschaft von Risottogerichten ist, daß man bei den Zutaten ohne weiteres variieren kann. So können Sie etwa hier die Meeresfrüchte verwenden, die Ihr Fischhändler gerade vorrätig hat.

500 g frische Miesmuscheln
4 Eßlöffel Olivenöl
1 Zwiebel (gehackt)
2 Knoblauchzehen (durch die Presse gedrückt)
400 g Arborio-Reis
1,8 Liter Fischbrühe (siehe Seite 11)
125 ml trockener Weißwein
einige Safranfäden
350 g Garnelen (geschält, entdarmt und gekocht)
250 g vorbereitete Jakobsmuscheln
250 g vorbereitete Tintenfische
Salz und frisch gemahlener schwarzer Pfeffer

Zum Garnieren

2 Eßlöffel gehackte Petersilie
einige Oreganozweige

Miesmuscheln sofort mit kaltem Wasser bedecken. Zerbrochene oder geöffnete Muscheln und solche, die an die Oberfläche steigen, wegwerfen. Die Muscheln abbürsten und Bärte entfernen. In frischem kaltem Wasser bis zum Kochen aufbewahren.

Muscheln in einen großen Topf mit etwas kochendem Wasser und Öl geben. Topf schließen, gelegentlich schütteln. Wenn sich die Muscheln geöffnet haben, abgießen, abtropfen lassen, beiseite stellen. Sud auffangen.

Das Olivenöl in einem großen Topf erhitzen. Zwiebel und Knoblauch zugeben. Unter gelegentlichem Rühren vorsichtig braten, bis die Zwiebeln weich und leicht gebräunt sind.

Den Reis unterrühren. Unter ständigem Rühren bei schwacher Hitze 1 – 2 Minuten erhitzen, bis die Reiskörner mit Öl überzogen und glasig sind. Etwas Fischbrühe, Muschelsud und Wein zugießen. Aufkochen.

Den Safran in etwas heißem Wasser einweichen und mit Garnelen, Jakobsmuscheln und Tintenfischen in den Risotto geben. Die Hitze reduzieren und den Risotto sanft kochen lassen, bis der Reis gar ist und die gesamte Flüssigkeit aufgenommen hat. Nach Bedarf Fischbrühe nachgießen. Abschmecken, und mit Petersilie und Oregano garniert, servieren.

4 – 6 Portionen
Vorbereitungszeit: *ca. 25 Minuten*
Garzeit: *ca. 45 Minuten*

Hähnchen-Risotto

mit Weißwein und Tomaten

1 küchenfertiges Hähnchen, ca. 1 kg
2 Stangen Staudensellerie
2 Zwiebeln
2 Möhren
Salz und frisch gemahlener schwarzer Pfeffer
3 – 4 Eßlöffel Olivenöl
7 Eßlöffel Weißwein
400 g Tomaten (gehäutet; siehe Seite 20; und zerdrückt)
500 g Arborio-Reis
75 g Butter (zimmerwarm)
75 g Parmesan (gerieben)

Das Hähnchenfleisch von den Knochen lösen, die Knochen in einen großen Topf mit 2 Litern Wasser geben. 1 Stange Staudensellerie, 1 Zwiebel und 1 Möhre, etwas Salz und Pfeffer zugeben.

Aufkochen, die Hitze reduzieren, den Topf zudecken und die Brühe ca. 1 ½ Stunden sanft kochen lassen. Durch ein Sieb streichen und warm halten.

In der Zwischenzeit das Hähnchenfleisch würfeln. Haut entfernen. Das restliche Gemüse fein hacken. Im Olivenöl leicht bräunen.

Das Fleisch zugeben und unter gelegentlichem Rühren ca. 5 Minuten mitbraten. Den Wein zugießen und kochen, bis er verdampft ist.

Die Tomaten zugeben. Mit Salz und Pfeffer würzen. Zudecken und ca. 20 Minuten sanft kochen lassen. Etwas Hühnerbrühe zugießen, wenn die Mischung zu trocken wird.

Den Reis einrühren, 200 ml Hühnerbrühe zugießen und 20 – 25 Minuten kochen lassen, bis der Reis gar ist. Falls die Mischung zu trocken wird, etwas Brühe nachgießen.

Risotto von der Kochstelle nehmen. Butter und Parmesan vorsichtig untermischen. Den Risotto, mit frisch gemahlenem schwarzem Pfeffer bestreut, sofort servieren.

6 Portionen
Vorbereitungszeit: *ca. 35 Minuten*
Garzeit: *1 – 2 Stunden*

Risotto alla milanese

Dieser Risotto ist zu Recht auf der ganzen Welt berühmt, denn er zergeht auf der Zunge. Südlich von Mailand wächst Reis bester Qualität, und die Region ist für ihre phantastischen Reisgerichte bekannt.

150 g Butter
½ Zwiebel (gehackt)
7 Eßlöffel Weißwein
1 Liter heiße Rinderbrühe (siehe Seite 10)
400 g Arborio-Reis
¼ Teelöffel Safranpulver
Salz und frisch gemahlener schwarzer Pfeffer
125 g Parmesan (gerieben)
4 Eßlöffel Schlagsahne

Die Hälfte der Butter in einem großen Topf zerlassen. Zwiebel und etwas Pfeffer zugeben. Die Zwiebel weich und goldbraun braten. Wein und 7 Eßlöffel Brühe zugießen. Kochen, bis die Soße auf die Hälfte eingedickt ist.

Den Reis zugeben und unter Rühren ca. 5 Minuten kochen. Safran, Salz und Pfeffer zugeben.

Den Reis ca. weitere 20 Minuten kochen lassen. Immer 1 Tasse Brühe unterrühren, sobald der Reis die Flüssigkeit vollständig aufgenommen hat. Den Vorgang wiederholen, bis der Reis gar ist.

Den Risotto von der Kochstelle nehmen. Restliche Butter, Parmesan und Sahne unterrühren. Zirka 1 Minute stehen lassen. Mit Pfeffer übermahlen und servieren.

4 – 6 Portionen
Vorbereitungszeit: *ca. 10 Minuten*
Garzeit: *ca. 35 Minuten*

Gemüse und Salate

Gemischter Gemüsesalat

Eine Mischung aus gekochtem Gemüse – mit Kartoffeln und Hülsenfrüchten – ist eine üppige Mahlzeit. Wie bei vielen italienischen Gerichten können auch hier die Zutaten variiert werden.

3 – 4 feste Tomaten (in Scheiben geschnitten)
400 – 500 g Frühkartoffeln (abgebürstet, gekocht und in Scheiben geschnitten)
125 g Kichererbsen (gekocht oder Dose)
250 g Prinzeßbohnen (geputzt, halbiert und gekocht)
250 g rote Bohnen (gekocht oder Dose)
4 – 5 Frühlingszwiebeln (in Scheiben geschnitten)
1 Eßlöffel gehacktes Basilikum
50 – 75 ml Olivenöl
2 Eßlöffel Rotwein- oder Weißweinessig
Salz und frisch gemahlener schwarzer Pfeffer
Basilikumzweige zum Garnieren

Die Tomaten am Rand einer flachen Salatschüssel oder eines tiefen Tellers arrangieren. Die Kartoffeln in einer Ecke aufhäufen.

Die Kichererbsen daneben aufhäufen. Ebenso die Prinzeßbohnen und zuletzt die roten Bohnen. Kichererbsen und rote Bohnen aus der Dose vorher abgießen und abtropfen lassen.

Die Frühlingszwiebeln über die Tomaten streuen und alles mit dem gehackten Basilikum garnieren. Bis zum Verzehr kühl stellen.

Essig und Öl mit dem Schneebesen verschlagen. Mit Salz und Pfeffer würzen. Unmittelbar vor dem Servieren Essig und Öl erneut verschlagen und über den Salat gießen. Mit Basilikumzweigen garnieren.

4 – 6 Personen
Vorbereitungszeit: *25 – 30 Minuten*

Tip: Nach Wunsch kann zur Essig-Öl-Mischung eine durch die Presse gedrückte Knoblauchzehe gegeben werden. Die Prinzeßbohnen lediglich bißfest garen, so daß sie im Salat knackig frisch schmecken. Getrocknete Bohnen und Kichererbsen müssen vor dem Kochen eingeweicht werden.

Tomatensalat

mit Sardellen und Kreuzkümmel

Die Kombination von Tomaten, Senf, Sardellen und Kreuzkümmel macht diesen Salat zu einem scharf-pikanten Gericht. Mit Scheiben aus hartgekochtem Ei garniert, wird der Salat noch reichhaltiger.

1 gehäufter Eßlöffel französischer Senf
2 Eßlöffel Weißwein- oder Rotweinessig
Salz und Pfeffer
75 ml Olivenöl
4 – 5 feste Tomaten (in Scheiben geschnitten)
1 Stange Staudensellerie (in dicke, fingerlange Streifen geschnitten)
1 rote Zwiebel (gewürfelt)
1 Teelöffel Kreuzkümmelsamen
2 Sardellenfilets (gehackt)
2 hartgekochte Eier zum Garnieren (nach Wunsch)

Den Senf in eine kleine Schüssel geben. Essig unterrühren. Mit wenig Salz und reichlich Pfeffer würzen.

Das Olivenöl mit dem Schneebesen unterschlagen, bis die Mischung sämig ist.

Tomaten mit Sellerie, Zwiebel, Kreuzkümmel und Sardellenfilets in eine Salatschüssel geben.

Das Dressing darübergießen. Den Salat mischen und nach Wunsch mit hartgekochten Eiern garnieren. Servieren.

4 Portionen
Vorbereitungszeit: *ca. 20 Minuten*

Tip: Italienische rote Zwiebeln sind ideal für diesen Salat. Sie sehen appetitlich aus und haben einen milden, süßlichen Geschmack. Sollten sie nicht erhältlich sein, bieten gehackte Frühlingszwiebeln eine gute Alternative.

Zucchini

mit Mozzarella und Tomaten

Zucchini passen ausgesprochen gut zu Tomaten. In dieser kräftig würzigen Kombination bekommen die Zucchini einen verlockend herzhaften Geschmack.

2 Eßlöffel Öl
25 g Butter
1 Schalotte (gehackt)
6 Zucchini (in dünne Streifen von 5 cm Länge geschnitten)
400 g Eiertomaten (Dose)
Salz und Pfeffer
2 Eßlöffel Hühnerbrühe (siehe Seite 11)
20 schwarze Oliven (halbiert und entsteint)
¼ Teelöffel frischer gehackter Oregano
1 Eßlöffel gehackte Petersilie
125 g Mozzarella (gewürfelt)

Öl und Butter in einer großen, flachen Pfanne erhitzen. Die Schalotte zugeben. Bei schwacher Hitze weich braten.

Zucchini zugeben. Bei starker Hitze einige Minuten braten. Die Hitze reduzieren.

Die Tomaten mit einer Gabel zerdrücken und in die Pfanne geben. Alles mit Salz und Pfeffer würzen. Braten, bis die Zucchini gar sind. Falls nötig, etwas Brühe zugießen.

Oliven, Oregano und Petersilie zugeben. Die Mozzarellawürfel darüberstreuen. Die Pfanne zudecken, von der Kochstelle nehmen und das Gericht vor dem Servieren einige Minuten durchziehen lassen.

4 Portionen
Vorbereitungszeit: *ca. 20 Minuten*
Garzeit: *ca. 20 Minuten*

Käse

Gorgonzola
Gorgonzola ist ein Blauschimmelkäse mit kräftigem Geschmack. Er wurde erstmals vor über 1000 Jahren in Gorgonzola, einem Dorf in Norditalien, hergestellt und ist damit eine der ältesten Käsesorten der Welt. Man kann Gorgonzola zum Kochen verwenden oder auch pur zu frischem Weißbrot oder mit frischem Obst wie Äpfeln und Birnen genießen.

Emmentaler
Emmentaler ist ein weltberühmter Hartkäse, der eine blaßgelbe Farbe hat und aus Kuhmilch, beim Schweizer Original ausschließlich aus Rohmilch, hergestellt wird. Er hat einen delikat-milden, nussigen Geschmack und ist leicht an seinen breiten, gleichmäßig großen Löchern zu erkennen. Emmentaler ist gleichermaßen geeignet als Tisch- und als Kochkäse.

Parmesan
Parmesan ist Parmas berühmter Kuhmilchkäse, von fester und krümeliger Struktur. Er besitzt ein kräftiges Aroma und kann bis zu 3 Jahre reifen. Parmesankäse wird in Blöcken verkauft und üblicherweise fein gerieben über die Gerichte gestreut. Er ist auch vakuumverpackt und gerieben erhältlich. Am besten schmeckt er jedoch frisch gerieben.

Dolcelatte
Dolcelatte ist die in industrieller Massenproduktion gefertigte Version des Gorgonzola. Er hat die gleiche blaue Maserung. Obwohl er nicht so hoch geschätzt wird wie Gorgonzola, ist er sehr angenehm in seinen Eigenschaften. Er hat eine cremige, samtweiche Konsistemz und einen milden, süßlichen Geschmack. Die Übersetzung von Dolcelatte ist „süße Milch“.

Bel Paese
Bel Paese ist ein sehr beliebter Tischkäse. Er hat eine glänzende gelbe Rinde und einen weichen Teig mit mildem Geschmack. Er wird aus Kuhmilch hergestellt. Bel Paese wurde erstmals in den 20er Jahren dieses Jahrhunderts in der Lombardei hergestellt, wird aber mittlerweile in ganz Europa produziert. Der Name bedeutet „schönes Land".

Mozzarella
Mozzarella ist ein ungereifter Käse von weicher, zäher Beschaffenheit mit einem milden und leicht säuerlichen Geschmack. Er wird zu Ballen geformt, und in Salzlake eingelegt, verpackt, damit er nicht austrocknet. Ursprünglich wurde Mozzarella aus Büffelmilch, mittlerweile wird er häufiger aus Kuhmilch oder einer Mischung aus beidem hergestellt.

Pecorino romano
Pecorino romano ist ein fester, etwas körniger Käse, der sich gut zum Reiben eignet und dem Parmesan ähnelt. In Süditalien hat er eine zweitausend Jahre alte Tradition. Wie der Name bereits besagt – das lateinische pecora bedeutet Mutterschaf – wird Pecorino aus Schafmilch hergestellt, die diesem Käse seinen sehr markanten, stark salzigen Geschmack verleiht.

Fontina
Echter Fontina wird in Norditalien, im Aostatal, hergestellt. Dieser blaßgelbe Käse erinnert an den Schweizer Greyerzer, ist aber weniger fest und süßer, mit sehr kleinen Löchern. Fontina ist ein hervorragender Tischkäse mit fein-würzigem Geschmack, weich und doch schnittfähig. Er wird aus Kuhmilch hergestellt, eignet sich auch als Kochkäse.

Grüner Spargel
mit Estragonsoße

1,5 kg grüner Spargel
40 g Thunfisch in Öl
2 Sardellenfilets
200 ml Olivenöl
2 Eßlöffel Weißwein
2 Eßlöffel gehackter Estragon
2 hartgekochte Eier
Saft von ¼ Zitrone
Salz und weißer Pfeffer
einige frische Estragonzweige zum Garnieren

Den Spargel im unteren Drittel schälen und die holzigen Endstücke abschneiden. Die Spargelstangen kalt abspülen und mit Küchengarn zu Bündeln binden. Aufrecht in einen hohen Topf stellen, der zu 2/3 mit kochendem Salzwasser gefüllt ist. Die Spargelspitzen mit Alufolie abdecken. 8 – 18 Minuten, je nach Dicke der Spargelstangen, garen.

In der Zwischenzeit für die Soße Thunfisch und Sardellenfilets abtropfen lassen und hacken. Mit 2 – 3 Eßlöffeln Öl, Wein und Estragon in den Mixer oder die Küchenmaschine geben.

Die Eigelbe durch ein Sieb in eine Schüssel streichen. 1 Prise Salz zugeben. Langsam unter Rühren in einer Richtung einige Tropfen Öl zugießen, das Eigelb zur Paste rühren. Etwas mehr Öl zugießen und wieder unterrühren. Den Vorgang wiederholen, bis das gesamte Öl aufgebraucht und die Mischung dick und geschmeidig ist.

Die Mischung mit Zitronensaft zum Fisch geben. Alles kurz pürieren. Falls nötig, mit einer Prise Salz und etwas Pfeffer würzen.

Den Spargel abgießen und abtropfen lassen. Auf einer vorgewärmten Servierplatte anrichten und die Soße darübergießen. Vor dem Servieren das hartgekochte Eiweiß durch ein Sieb über den Spargel streichen. Das Gericht mit Estragonzweigen garnieren.

4 Portionen
Vorbereitungszeit: *ca. 15 Minuten*
Garzeit: *8 – 18 Minuten*

Erbsen und Zwiebeln *mit Schinken*

Dies ist eine schnelle Variante der klassischen „Piselli alla romana" – frische Erbsen mit Schinken. Wenn Sie italienischen Schinken vorrätig haben, wird das Gericht noch besser.

8 – 12 Silber- oder Perlzwiebeln (alternativ kleine Schalotten)
50 g Butter
500 g Erbsen (frisch, gepalt oder tiefgefroren)
300 ml Hühnerbrühe (siehe Seite 11)
Salz und Pfeffer
50 g roher Schinken (in Streifen geschnitten)

Zwiebeln in kochendem Salzwasser 4 – 5 Minuten blanchieren. Abgießen und abtropfen lassen. Butter in einem Topf zerlassen. Zwiebeln zugeben und vorsichtig braten, bis sie goldbraun sind.

Die frischen Erbsen, falls verwendet, und 150 ml Brühe zugeben. Mit Salz und Pfeffer würzen. 15 – 20 Minuten weiterkochen, bis Erbsen und Zwiebeln gar sind.

Falls nötig, mehr Brühe zugeben. Allerdings sollte ein Großteil der Brühe verkocht sein, wenn die Erbsen gar sind.

Wenn tiefgefrorene Erbsen verwendet werden, nur die Brühe zu den Zwiebeln geben. Kochen, bis die Zwiebeln fast gar sind. Erbsen zugeben und 4 – 5 Minuten erhitzen.

Den Schinken, unmittelbar bevor die Erbsen gar sind, unterrühren. Das Gericht abschmecken und in eine Servierschüssel füllen.

4 – 6 Portionen
Vorbereitungszeit: *10 – 20 Minuten*
Garzeit: *30 – 35 Minuten*

Peperonata

Paprikaschoten, Tomaten, Zwiebeln und Knoblauch, in Olivenöl geschmort, sind die einfachen Zutaten für diesen bunten italienischen Klassiker. Er ist heiß oder kalt serviert gleichermaßen köstlich.

100 ml Olivenöl
400 g Zwiebeln (in feine Scheiben geschnitten)
2 Knoblauchzehen (durch die Presse gedrückt)
500 g rote und gelbe Paprikaschoten (geputzt und gewürfelt)
500 g reife Tomaten (gehäutet; siehe Seite 20; und gehackt) oder 400 g Pizzatomaten (Dose)
Salz und frisch gemahlener schwarzer Pfeffer

Das Öl in einer Pfanne erhitzen. Zwiebeln und Knoblauch vorsichtig darin braten, bis die Zwiebeln leicht gebräunt sind.

Paprikaschoten zugeben. Zudecken und bei schwacher Hitze 10 – 12 Minuten dünsten.

Die Tomaten zugeben und das Gemüse mit Salz und Pfeffer würzen.

Ohne Deckel dünsten, bis die Paprika gar sind und die Flüssigkeit zu einer dicken Soße eingekocht ist. Die Peperonata abschmecken und in eine Servierform füllen. Nach Wunsch heiß oder kalt servieren.

4 Portionen
Vorbereitungszeit: *ca. 20 Minuten*
Garzeit: *40 – 45 Minuten*

Tip: Wenn Sie Dosentomaten verwenden, erhöhen Sie die Hitze gegen Ende der Garzeit, damit die zusätzliche Flüssigkeit verdampft. Die Paprikaschoten können nach Wunsch vor dem Garen gehäutet werden.

Gefüllte Zucchini

mit Ricotta und Parmesan

Gebackene gefüllte Zucchini sind köstlich, und mit der leckeren Füllung nach diesem Rezept schmecken sie besonders gut.

6 Zucchini
25 g Weißbrot (ohne Kruste)
Milch zum Einweichen
125 g Ricotta oder Doppelrahm-Frischkäse
¼ Teelöffel getrockneter Oregano
1 Knoblauchzehe (durch die Presse gedrückt)
40 g Parmesan (gerieben)
1 Eigelb
Salz und frisch gemahlener schwarzer Pfeffer

Enden der Zucchini abschneiden. Die Zucchini in einem großen Topf mit kochendem Salzwasser ca. 5 Minuten blanchieren. Herausnehmen und abtropfen lassen. Das Brot in etwas Milch einweichen und gut ausdrücken.

Die Zucchini längs halbieren und mit einem Teelöffel vorsichtig aushöhlen, so daß Schiffchen zum Füllen entstehen.

Das ausgekratzte Zucchinifruchtfleisch fein hacken und in eine Schüssel geben. Brot, Ricotta oder Doppelrahm-Frischkäse, Oregano, Knoblauch, Parmesan, Eigelb, Salz und frisch gemahlenen schwarzen Pfeffer zugeben. Zu einer relativ geschmeidigen Masse verarbeiten. Wenn sie zu fest ist, etwas Milch zugießen.

Die Zucchinischiffchen dicht an dicht nebeneinander in eine gefettete ofenfeste Form legen. Mit der Käsemischung füllen und im vorgeheizten Ofen bei 190 Grad, Gas Stufe 3, Umluft 170 Grad 30 – 45 Minuten backen, bis die Zucchini gar sind und die Füllung goldbraun ist. Sofort servieren.

4 Portionen
Vorbereitungszeit: *ca. 20 Minuten*
Garzeit: *30 – 45 Minuten*
Ofentemperatur: *190 Grad, Gas Stufe 3, Umluft 170 Grad*

Cannellini-Bohnen *mit Speck und Salbei*

Dies ist ein Rezept, das in Italien oft auf dem Lande zubereitet wird. Die Cannellini-Bohnen mit ihrem wunderbaren Geschmack veredeln das gesamte Gericht.

500 g getrocknete Cannellini-Bohnen (über Nacht eingeweicht)
1 Stange Staudensellerie (gehackt)
2 Lorbeerblätter
125 g Frühstücksspeck (die Schwarte entfernt)
50 g fetter Speck
3 Eßlöffel Öl
½ Zwiebel (gehackt)
1 Eßlöffel gehackte Salbeiblätter
1 Rosmarinzweig
1 Knoblauchzehe
Salz und frisch gemahlener schwarzer Pfeffer
3 reife Eiertomaten (gehäutet; siehe Seite 20; ohne Kerne und gehackt) oder 200 g Pizzatomaten (Dose; abgetropft)
½ Würfel Hühnerbrühe
2 Eßlöffel Rotwein

Bohnen, Sellerie und Lorbeerblätter in einen großen Topf mit 2 Litern Wasser geben. Aufkochen und mindestens 2 Stunden kochen lassen, bis die Bohnen gar sind.

Den Frühstücksspeck in einem kleinen Topf, mit Wasser bedeckt, in ca. 10 Minuten weich kochen. Mit einem Schaumlöffel herausnehmen und in mundgerechte Stücke schneiden.

Den fetten Speck hacken und mit dem Öl in eine flache Pfanne geben. Zwiebeln, Kräuter und Knoblauch zugeben. Bei mittlerer Hitze braten, bis die Zwiebel gebräunt ist.

Die abgetropften Bohnen untermischen. Alles mit Salz und reichlich Pfeffer würzen. Zirka 10 Minuten zum Durchziehen beiseite stellen.

Tomaten und gekochten Speck in die Pfanne zur Bohnenmischung geben. Den Brühwürfel zerkrümeln und einstreuen. Wein unterrühren. Die Flüssigkeit etwas einkochen lassen. Abschmecken und heiß servieren.

4 Portionen
Vorbereitungszeit: *ca. 30 Minuten, plus 8 Stunden Einweichzeit*
Garzeit: *ca. 3 Stunden*

Gebackene Auberginen

mit Sardellen-Pecorino-Füllung

600 g kleine runde Auberginen
Salz
125 ml Öl
1 Zwiebel (fein gehackt)
4 Sardellenfilets (fein gehackt)
600 g Eiertomaten (gehäutet; siehe Seite 20; ohne Kerne und gehackt)
1 gehäufter Eßlöffel Kapern (fein gehackt)
6 Basilikumblätter (zerzupft), zusätzlich einige Blätter zum Garnieren
Pfeffer
50 g Pecorino (gerieben)
frisches Basilikum zum Garnieren

Die Auberginen waschen und trocknen. Stielansätze entfernen. Das Fruchtfleisch rundherum einige Male von oben bis wenig über die Mitte mit einem scharfen Messer einschneiden, so daß zusammenhängende Spalten entstehen.

Die Auberginen mit Salz bestreuen und ca. 30 Minuten stehen lassen, um die Bitterstoffe aus dem Fruchtfleisch zu entfernen. Abspülen und auf Küchenpapier trocknen.

1/3 des Öls in einer flachen Pfanne erhitzen. Zwiebel zugeben, bei mittlerer Hitze goldbraun braten. Abgetropfte Sardellenfilets zugeben und mitgaren.

Tomaten, Kapern und Basilikum zugeben. Mit Salz und Pfeffer würzen. Die Soße etwas einkochen lassen. Von der Kochstelle nehmen und den Pecorino zugeben.

Auberginen in eine Backform setzen. Die Spalten etwas auseinanderdrücken, die Auberginen mit der Soße füllen. Restliches Öl darübergießen. Auberginen im vorgeheizten Ofen bei 180 Grad, Gas Stufe 2 – 3, Umluft 160 Grad ca. 30 Minuten backen. Sofort, mit Basilikum garniert, servieren.

4 Portionen
Vorbereitungszeit: *ca. 15 Minuten, plus Zeit zum Entwässern*
Garzeit: *ca. 45 Minuten*
Ofentemperatur: *180 Grad, Gas Stufe 2 – 3, Umluft 160 Grad*

Frische Kräuter

Rosmarin
Italiener lieben Rosmarin über alles und verwenden ihn reichlich. Rosmarin ist ein immergrünes Kraut mit langen, spitzen Blättern und blaßblauen Blüten. Frisch hat er ein intensives Aroma. Rosmarin wird zum Aromatisieren von Essig und Salaten genommen, eignet sich aber auch wunderbar zum Würzen von Lamm und Spanferkel.

Basilikum
Basilikum ist wahrscheinlich das wichtigste Kraut in der italienischen Küche. Seine leuchtend grünen Blätter haben einen einzigartigen Geschmack und ein wunderbar würziges Aroma. Basilikum harmoniert hervorragend mit den in der italienischen Küche unverzichtbaren Tomaten und ist die Hauptzutat im *pesto.*

Fenchel
Fenchel wird in der italienischen Küche ausgiebig verwendet. Knolle und Stiele schmecken roh in Salaten und gekocht beispielsweise als Gratin mit Käse überbacken. Das hellgrüne, zarte Fenchelkraut ähnelt Dill. Es wird gehackt und zum Würzen von Soßen verwendet. Fenchelsamen paßt zu pikanten Fleischgerichten.

Majoran
Majoran ist mit Oregano verwandt. Er hat kleine graugrüne Blätter sowie weiße und malvenfarbige Blüten. Das Kraut schmeckt sehr aromatisch, mit süßlich-würziger Note.Majoran paßt zu Geflügel und Pasta- sowie den unterschiedlichsten Gemüsegerichten. Majoran niemals mitkochen, sondern erst zum Schluß zugeben.

Salbei
Salbei ist ein grau-grünes Kraut mit rosa und malvenfarbigen Blüten. Die Blätter haben einen samtigen Glanz. Salbei schmeckt sehr aromatisch, mit einer leicht bitteren Note. Er wird in der italienischen Küche gerne in Rezepten mit Kalbfleisch und Kalbsleber verwendet und paßt ebenso zu Käse wie auch in Pastagerichte.

Wacholder
Die Beeren des Wacholderstrauchs sind dunkel und ähneln Pfefferkörnern. Wacholder ist sehr aromatisch mit würzigem Duft. Er paßt gut zu Fleischgerichten, sollte jedoch sparsam verwendet werden. damit er nicht bitter schmeckt. Wacholder wird für Schweinefleisch- und Wildgerichte sowie Fleischmarinaden verwendet.

Thymian
Thymian wächst als kleiner buschiger Strauch mit graugrünen Blättern und kleinen rosa, malvenfarbigen, roten oder weißen Blüten. Das Kraut hat ein blumiges Aroma und einen nelkenartigen Geschmack. Es wird in der italienischen Küche zum Würzen von Tomatensoßen oder Marinaden verwendet und gehört ins Bouquet garni.

Lorbeerblätter
Die Blätter des Lorbeerbaums sind dunkelgrün und glänzend. Meistens wird er als buschiger Strauch oder kleiner Baum in einem Topf oder einem Kübel gezogen. Lorbeerblätter werden wegen ihres intensiven Aromas geschätzt und eignen sich zum Würzen von Suppen, Schmor- und Pastagerichten. Sie gehören ins Bouquet garni.

Gemüse-Frittata

Italienische Omeletts sind mit den spanischen Tortillas vergleichbar. Der Grundmischung werden verschiedene frische Zutaten zugegeben. Sie können dieses Rezept mit jedem Gemüse, das Sie gerade vorrätig haben, variieren.

3 Eßlöffel Olivenöl
2 Zwiebeln (in sehr feine Scheiben geschnitten)
3 Zucchini (in feine Scheiben geschnitten)
3 Tomaten (gehäutet; siehe Seite 20; und gehackt)
6 große Eier
Salz und frisch gemahlener schwarzer Pfeffer
50 g Parmesan (gerieben)
einige Basilikumblätter (zerzupft)
1 Eßlöffel gehackte Petersilie
25 g Butter

Das Olivenöl in einer großen Pfanne erhitzen. Zwiebeln zugeben und 8 – 10 Minuten braten, bis sie weich, goldbraun und fast karamelisiert sind. Die Zucchini zugeben und unter gelegentlichem Rühren braten, bis sie auf beiden Seiten gebräunt sind. Tomaten zugeben und die Mischung bei mittlerer Hitze etwas eindicken lassen.

Eier in eine große Schüssel schlagen und würzen. Parmesan, Basilikum und Petersilie zugeben. Mit einem Schneebesen kräftig verschlagen.

Die Tomatenmischung abtropfen lassen und zu den verschlagenen Eiern geben. Vorsichtig untermischen. Abschmecken.

Die Butter in einer großen feuerfesten Pfanne erhitzen, bis sie heiß ist und brutzelt. Eimischung zugeben und das Omelett bei schwacher Hitze vorsichtig garen, bis es fest ist und unten ansetzt. Kurz unter den vorgeheizten Elektrogrill stellen, bis die Oberfläche gebräunt ist. Die Frittata auf einen Teller gleiten lassen und warm, in Tortenstücke geschnitten, servieren.

4 Portionen
Vorbereitungszeit: *ca. 25 Minuten*
Garzeit: *10 – 15 Minuten*

Gebackene Auberginen *mit Käse und Basilikum*

1,5 kg Auberginen
125 ml Olivenöl
1 Zwiebel (fein gehackt)
2 kg Tomaten (gehäutet; siehe Seite 20; und gehackt)
3 Basilikumblätter (zerzupft) oder 2 Teelöffel getrocknetes Basilikum
Salz und frisch gemahlener schwarzer Pfeffer
Mehl zum Bestäuben
150 g Parmesan (gerieben)
250 g Mozzarella (in dünne Scheiben geschnitten)

Von den Auberginen die Stielansätze entfernen. Die Früchte in Scheiben schneiden. Mit etwas Salz bestreuen. Scheiben in ein Sieb geben. Mit einem Teller, der gerade in das Sieb paßt, abdecken und beschweren, um die Flüssigkeit auszupressen. Die Auberginen auf diese Weise ca. 30 Minuten entwässern.

In der Zwischenzeit für die Soße 4 Eßlöffel Olivenöl in einer Pfanne erhitzen. Die Zwiebel darin weich und goldbraun braten. Tomaten und Basilikum zugeben, untermischen und alles offen kochen lassen, bis die Mischung zu einer dicken Soße eingekocht ist. Mit Salz und Pfeffer abschmecken.

Auberginenscheiben gründlich mit kaltem Wasser abspülen, um das Salz zu entfernen. Mit Küchenpapier trockentupfen und mit Mehl bestäuben. Etwas von dem restlichen Olivenöl in einer großen Pfanne erhitzen. Die Auberginen darin portionsweise braten, bis sie von beiden Seiten gebräunt sind. Nach Bedarf Öl zugießen. Die Scheiben auf Küchenpapier abtropfen lassen.

Auf den Boden einer ofenfesten, gefetteten Form eine Schicht Auberginen legen. Mit Parmesan bestreuen und mit Mozzarellascheiben bedecken. Etwas Tomatensoße darübergießen. Die Schichtung in dieser Weise wiederholen, bis alle Zutaten aufgebraucht sind. Mit einer Schicht Tomatensoße und Parmesan enden. Im vorgeheizten Ofen bei 200 Grad, Gas Stufe 3 – 4, Umluft 180 Grad ca. 30 Minuten backen. Warm oder kalt servieren.

4 Portionen
Vorbereitungszeit: *ca. 40 Minuten, plus ca. 30 Minuten Zeit zum Entwässern der Auberginen*
Garzeit: *ca. 1 Stunde*
Ofentemperatur: *200 Grad, Gas Stufe 3 – 4, Umluft 180 Grad*

Spinat-Tarte

mit Ricotta und Muskat

Teig

250 g Weizenmehl
1 Prise Salz
125 g Butter
1 Eigelb
2 – 3 Eßlöffel Eiswasser
getrocknete Bohnen zum Blindbacken

Füllung

250 g schmale, zarte Spinatblätter
Salz
400 g Ricotta
4 Eier (verschlagen)
Muskatnuß (gerieben)
frisch gemahlener schwarzer Pfeffer
75 g Schlagsahne
25 g Parmesan (gerieben)

Mehl und Salz in eine Rührschüssel sieben und die in Stückchen geschnittene Butter rasch einarbeiten. Eigelb und so viel Eiswasser untermischen, daß ein weicher Teig entsteht. Vorsichtig durchkneten, bis er geschmeidig ist. Im Kühlschrank mindestens 30 Minuten ruhen lassen. Mit dem Teig eine Tarteform von ca. 24 cm Durchmesser auslegen.

Den Teigboden einige Male mit einer Gabel einstechen. Mit Backpapier belegen, bis auf halbe Höhe mit Bohnen füllen und im vorgeheizten Backofen bei 200 Grad, Gas Stufe 3 – 4, Umluft 180 Grad ca. 15 Minuten backen.

Bohnen und Papier entfernen. Den Boden erneut in den Ofen geben und nochmals ca. 5 Minuten backen.

Für die Füllung den Spinat in etwas Salzwasser ca. 3 Minuten blanchieren. Er soll gerade weich, aber noch von frischer, grüner Farbe sein. In einem Sieb abtropfen lassen und überschüssiges Wasser ausdrücken. Spinat hacken.

In einer Schüssel Ricotta mit Spinat, Eiern, Muskatnuß, Salz und Pfeffer verrühren. Die Sahne unterschlagen, so daß eine geschmeidige Masse entsteht. Die Füllung auf den Tarteboden geben und glattstreichen.

Den Kuchen mit Parmesan bestreuen und bei 180 Grad, Gas Stufe 2 – 3, Umluft 160 Grad ca. 30 Minuten backen, bis sich die Füllung gesetzt hat und die Oberfläche goldbraun ist.

8 Portionen
Vorbereitungszeit: *ca. 30 Minuten, plus ca. 30 Minuten Ruhezeit*
Garzeit: *ca. 30 Minuten*
Ofentemperatur: *200 Grad, Gas Stufe 3 – 4, Umluft 180 Grad; und 180 Grad, Gas Stufe 2 – 3, Umluft 160 Grad*

Kuchen und Desserts

Sizilianischer Käsekuchen

3 Eier (getrennt)
125 g Zucker
abgeriebene Schale von ½ Zitrone
125 g Weizenmehl
1 Teelöffel Backpulver

Füllung

175 g Zucker
750 g Ricotta
⅛ Teelöffel gemahlener Zimt
400 g gemischte kandierte Früchte (grob gehackt)
75 g Zartbitterschokolade (gehackt)
8 Eßlöffel Maraschino-Likör
gemahlener Zimt zum Bestäuben

Für die Biskuitmasse 3 Eigelb, Zucker, Zitronenschale und 3 Eßlöffel heißes Wasser mit einem Schneebesen schaumig schlagen. Mehl und Backpulver darübersieben. Vorsichtig unter die Eigelbcreme rühren.

Das Eiweiß steif schlagen, es soll nicht trocken sein. Unter die Biskuitmasse ziehen. Den Teig in eine gefettete Springform von 24 cm Durchmesser geben. Im vorgeheizten Backofen bei 190 Grad, Gas Stufe 3, Umluft 170 Grad 15 – 20 Minuten backen, bis der Kuchen goldbraun ist. Herausnehmen und auskühlen lassen.

Für die Füllung den Zucker bei schwacher Hitze in 3 Eßlöffeln Wasser auflösen. Den Zuckersirup mit Ricotta verrühren, bis beides vermischt ist. Zimt unter die Ricottacreme schlagen, einige Eßlöffel beiseite stellen. 250 g der gehackten Früchte und die Schokolade in den größeren Teil der Mischung unterrühren.

Den Boden der Springform mit Backpapier auslegen. Den Tortenboden einmal quer durchschneiden und eine Schicht mit der Schnittfläche nach oben in die Form legen. Mit der Hälfte des Likörs beträufeln und die Ricottacreme daraufstreichen. Den anderen Tortenboden daraufgeben und mit dem restlichen Likör beträufeln. Mehrere Stunden kühlen. Zum Servieren die Torte aus der Form nehmen. Die Oberfläche und den Rand mit der restlichen Ricottacreme bedecken. Mit den restlichen gehackten Früchten und etwas Zimt bestreuen.

6 – 8 Stücke
Vorbereitungszeit: *ca. 40 Minuten, plus 2 – 3 Stunden Kühlzeit*
Backzeit: *15–20 Minuten*
Ofentemperatur: *190 Grad, Gas Stufe 3, Umluft 170 Grad*

Zabaione

Diese schaumig geschlagene Nachspeise wird aus einfachen Zutaten hergestellt. Bereiten Sie die Zabaione erst kurz vor dem Servieren zu, damit sie nicht zusammenfällt.

4 Eier (getrennt)
5 Eßlöffel Zucker
8 Eßlöffel Marsala oder lieblicher Weißwein

Zum Servieren

Amaretti (Mandel-Makronen-Gebäck)

Die Eigelbe in eine Metallschüssel geben und diese auf einen Topf mit heißem Wasser setzen. Darauf achten, daß die Schüssel das Wasser nicht berührt.

Zucker und Marsala oder Weißwein zugeben. Mit einem Schneebesen oder dem elektrischen Handrührgerät unterschlagen, bis sich eine heiße Creme bildet. Auch mit einem Handrührgerät wird dies 10 – 15 Minuten dauern! Darauf achten, daß das Wasser unter der Schüssel weiterköchelt und nicht vollständig verdampft.

Die fertige Zabaione vorsichtig in 4 hohe Gläser gießen. Sofort mit Löffelbiskuits oder Amaretti servieren. Wenn die Zabaione kalt serviert werden soll, die Creme vom Wasserbad nehmen und weiterschlagen, bis sie abgekühlt ist. Kalte Zabaione nach Wunsch mit Himbeeren oder in Spalten geschnittenen Erdbeeren oder Pfirsichen servieren.

4 Portionen
Vorbereitungszeit: *2 – 3 Minuten*
Garzeit: *10 – 15 Minuten*

Panettone

Eigentlich ein Weihnachtsgebäck, steht dieser reichhaltige Hefekuchen aus Mailand mittlerweile ganzjährig auf dem Programm. Zu Ostern wird er in Form einer Taube gebacken und als Colomba bezeichnet.

50 g Zucker
25 g frische Hefe
3 Eigelb
1 Prise Salz
500 g Weizenmehl
125 g weiche Butter
50 g Sultaninen
50 g Rosinen
50 g Orangeat und Zitronat (gehackt)
25 g Butter (geschmolzen)

1 Eßlöffel Zucker und die Hefe in 150 ml lauwarmem Wasser auflösen. Zirka 10 Minuten stehen lassen. Das Eigelb in einer großen Schüssel verschlagen. Zuerst die Hefemischung, Salz und restlichen Zucker unterschlagen, dann 250 g Mehl. Nach und nach die weiche Butter einarbeiten. Restliches Mehl unterkneten, bis ein geschmeidiger Teig entsteht.

Den Teig auf eine leicht bemehlte Arbeitsfläche geben. So lange kneten, bis er fest und geschmeidig ist. Zugedeckt an einem warmen Ort ruhen lassen, bis sich das Volumen verdoppelt hat. Den Teig auf eine bemehlte Arbeitsfläche geben. Sultaninen, Rosinen sowie Orangeat und Zitronat unterkneten. Teig in eine runde Kuchenform von 18 cm Durchmesser geben, mit gefetteter Klarsichtfolie bedecken. An einem warmen Ort gehen lassen, bis der Teig an den oberen Rand der Form steigt.

Die Folie entfernen und die Oberfläche des Teigs mit etwas zerlassener Butter bestreichen. Im vorgeheizten Ofen bei 200 Grad, Gas Stufe 3 – 4, Umluft 180 Grad ca. 20 Minuten backen. Dann die Ofentemperatur auf 180 Grad, Gas Stufe 2 – 3, Umluft 160 Grad reduzieren und weitere 20 – 30 Minuten backen. Aus der Kuchenform herausnehmen. Oberfläche und Rand mit der restlichen zerlassenen Butter bestreichen. Warm oder kalt, in Scheiben geschnitten, servieren.

10 Stücke
Vorbereitungszeit: *1 1/2 Stunden*
Backzeit: *40 – 50 Minuten*
Ofentemperatur: *200 Grad, Gas Stufe 3 – 4, Umluft 180 Grad; und 180 Grad, Gas Stufe 2 – 3, Umluft 160 Grad*

Mandeltorte

mit Ricotta aus Neapel

Die Füllung dieser traditionellen Torte mit Gittermuster ist recht üppig und besitzt einen köstlichen Mandelgeschmack.

250 g Weizenmehl
1 Prise Salz
125 g Butter
1 Eigelb
2 – 3 Eßlöffel Eiswasser
Puderzucker zum Bestäuben

Füllung

350 g Ricotta
75 g Zucker
3 Eier (verschlagen)
50 g Mandeln (abgezogen und fein gehackt)
50 g gemischtes Orangeat und Zitronat
abgeriebene Schale von ½ Zitrone
Saft und fein abgeriebene Schale von ½ Orange
¼ Teelöffel Vanille-Extrakt
Puderzucker zum Bestreuen

Mehl und Salz in eine Schüssel sieben. Butter mit den Fingerspitzen einarbeiten, bis Krümel entstehen. Eigelb und so viel Eiswasser untermischen, daß ein geschmeidiger Teig entsteht. Vorsichtig kneten und ca. 30 Minuten kühl stellen. Den Teig ausrollen und eine Tarteform von 20 cm Durchmesser damit auslegen. Teigreste aufbewahren.

Für die Füllung Ricotta durch ein Sieb in eine Schüssel streichen. Den Zucker unterrühren. Nach und nach Eier unterschlagen. Mandeln, Orangeat und Zitronat, Zitronen- und Orangenschale und -saft sowie Vanille-Extrakt zugeben. Gründlich unterschlagen.

Ricottafüllung auf den vorbereiteten Tortenboden gießen und die Oberfläche glattstreichen.

Die Teigreste ausrollen und mit einem Teigrädchen in dünne, ca. 1 cm breite Streifen schneiden. In Form eines Gittermusters auf die Oberfläche des Kuchens legen. In der Mitte des vorgeheizten Ofens bei 180 Grad, Gas Stufe 2 – 3, Umluft 160 Grad 45 – 50 Minuten goldbraun backen. Abkühlen lassen und frisch servieren. Mit Puderzucker bestreuen.

6 – 8 Stücke
Vorbereitungszeit: *20 Minuten, plus 30 Minuten Abkühlzeit*
Backzeit: *45 – 50 Minuten*
Ofentemperatur: *180 Grad, Gas Stufe 2 – 3, Umluft 160 Grad*

Karamelisierte Orangen

Wenn Sie viele Orangen vorrätig haben und eine erfrischende Nachspeise zubereiten wollen, dann paßt dieses einfache und schnelle Rezept.

12 Orangen
175 g Zucker

Die Orangen dünn abschälen und die Schale in feine Streifen schneiden. Die Streifen in einem Topf mit kochendem Wasser 2 – 3 Minuten erhitzen, bis sie weich sind. Abgießen, abtropfen lassen und beiseite stellen.

Schale samt der weißen Haut mit einem scharfen Messer vollständig von den Orangen entfernen und wegwerfen. Die Orangen in eine ofenfeste Form geben und die Orangenschalenstreifen darüberstreuen.

Zucker und 125 ml Wasser in einen Topf geben. Unter ständigem Rühren vorsichtig erhitzen, bis sich der Zucker vollständig aufgelöst hat. Aufkochen. Bei starker Hitze kochen, bis sich der Sirup zu einem goldenen Karamel gefärbt hat. Darauf achten, daß der Karamel nicht zu dunkel wird, da er weiterkocht, auch nachdem er von der Kochstelle genommen wurde. Deshalb den Topf sofort kurz in etwas kaltes Wasser stellen. Wenn der Sirup zu sehr eindickt, unter Rühren 2 Eßlöffel Wasser zugeben.

Karamel über die Orangen gießen und zum Abkühlen beiseite stellen. Über Nacht kühl stellen. Zum Servieren die Orangen und den Karamel in eine Glasschale geben und Schlagsahne dazu reichen. Nach Wunsch die Orangen quer in dünne Scheiben schneiden und mit Zahnstochern fixieren, bevor sie mit Karamel übergossen werden.

6 Portionen
Vorbereitungszeit: *ca. 15 Minuten*
Garzeit: *8 – 10 Minuten, plus Kühlzeit*

Amaretto-Soufflés

mit Mandeln und Vanille

4 Makronen
75 ml Amaretto di Saronno
150 ml Milch
1 Tropfen Vanille-Extrakt
15 g Butter
25 g Weizenmehl
4 Eigelb
4 Eiweiß
25 g Zucker
Puderzucker zum Dekorieren

Mandelpüree

75 g Mandelsplitter
150 ml Milch
2 Teelöffel Zucker

Für das Mandelpüree Mandelsplitter, Milch und Zucker in einen Topf geben und aufkochen.

Hitze reduzieren und einige Minuten köcheln lassen. Etwas abkühlen lassen und in der Küchenmaschine oder im Mixer pürieren.

4 kleine Souffléförmchen von ca. 7,5 cm Durchmesser einfetten und bemehlen. Die Makronen in der Hälfte des Amaretto einweichen. 1 geviertelte Makrone in jedes vorbereitete Förmchen geben.

Für die Soufflémasse ⅔ der Milch mit Vanille und Butter in einem Topf aufkochen. Von der Kochstelle nehmen. Restliche Milch, Mehl und 1 Eigelb unterrühren.

Erneut erhitzen, bis die Masse andickt. Kurz mit einem Schneebesen aufschlagen. Die restlichen Eigelbe zugeben und ca. 2 Minuten bei schwacher Hitze kochen.

Das Eiweiß steif schlagen, dabei den Zucker einrieseln lassen. Die Soufflémasse mit dem Mandelpüree und dem restlichen Amaretto mischen.

Den Eischnee vorsichtig unterziehen. Diese Mischung gleichmäßig in die Souffléförmchen verteilen. Im vorgeheizten Ofen bei 220 Grad, Gas Stufe 4 – 5, Umluft 200 Grad 10 – 12 Minuten backen. Mit Puderzucker bestreuen und sofort servieren.

4 Portionen
Vorbereitungszeit: *ca. 25 Minuten*
Gar- und Backzeit: *15 – 20 Minuten*
Ofentemperatur: *220 Grad, Gas Stufe 4 – 5, Umluft 200 Grad*

Sizilianisches Pfirsicheis

Sizilianisches Frucht-Wassereis schmeckt wunderbar. Sie können es auch mit anderen Früchten, wie z.B. Melonen, zubereiten.

125 g Zucker
4 große Pfirsiche oder Melonenfleisch (siehe Tip)
Saft von 1 Zitrone

Den Zucker und 150 ml Wasser in einen kleinen Topf geben. Langsam erhitzen, bis sich der Zucker aufgelöst hat und 3 – 4 Minuten kochen lassen. Beiseite stellen, bis der Sirup fast kalt ist.

Die Pfirsiche ca. 1 Minute in kochendes Wasser tauchen. Abgießen und abtropfen lassen. Häuten, halbieren und entkernen. Das Fruchtfleisch sofort pürieren oder durch ein Sieb streichen.

Mit dem Zitronensaft mischen, damit es sich nicht verfärbt. Den kalten Zuckersirup unterrühren. Die Eismasse in eine flache Gefrierform gießen und gefrieren, bis sie halbfest ist.

In eine Schüssel geben und einige Minuten kräftig durchschlagen. Erneut in die Gefrierform geben und gefrieren, bis die Mischung fest ist. Vor dem Servieren 30 – 40 Minuten in den Kühlschrank geben, damit das Eis etwas antaut. Zum Servieren das Wassereis mit einem Kugelportionierer in hübsche Gläser füllen.

4 Portionen
Vorbereitungszeit: *ca. 15 Minuten, plus Gefrierzeit und 30 – 40 Minuten Antauzeit im Kühlschrank*

Tip: Meloneneis kann auf dieselbe Art zubereitet werden, indem die Pfirsiche in diesem Rezept durch 750 g reifes, geschältes und entkerntes Charentais- oder Ogenmelonenfleisch ersetzt werden.

Mandelpfirsiche

mit Amarettifüllung

Diese gebackenen Pfirsiche mit Mandelgeschmack sind eine Spezialität aus dem Piemont.

4 große, feste Pfirsiche (halbiert und entkernt)
75 g Amaretti (zerkrümelt; siehe Tip)
50 g Zucker
40 g weiche Butter
1 Eigelb
½ Teelöffel abgeriebene Zitronenschale

Etwas Fruchtfleisch aus der Mitte jeder Pfirsichhälfte herauslöffeln und in eine Schüssel geben.

Die Amarettikrümel, den Zucker, 25 g Butter, das Eigelb und die Zitronenschale zugeben und rühren, bis eine geschmeidige Masse entsteht.

Diese auf die Pfirsichhälften verteilen. Die Füllung dabei zu einem Hügel formen. Nach Wunsch mit Mandelsplittern bestreuen. Mit der restlichen Butter in Flöckchen bestreuen.

Die Pfirsiche in eine gefettete ofenfeste Form setzen und im vorgeheizten Ofen bei 180 Grad, Gas Stufe 2 – 3, Umluft 160 Grad 25 – 35 Minuten backen. Warm oder kalt mit halbsteif geschlagener Sahne servieren.

4 Portionen
Vorbereitungszeit: *ca. 20 Minuten*
Garzeit: *25 – 35 Minuten*
Ofentemperatur: *180 Grad, Gas Stufe 2–3, Umluft 160 Grad*

Tip: Amarettigebäck ist sehr beliebt in Italien. Es hat einen typischen Mandelgeschmack und wird oft als Zutat für Nachspeisen verwendet. Amaretti sind mittlerweile weit verbreitet und in großen Supermärkten sowie italienischen Spezialitätengeschäften erhältlich.

Ricotta-Bombe

mit Rum

Ricotta, der weiche Käse aus Schafsmilch, wird in zahlreichen italienischen Rezepten verwendet. Hier bildet er die Grundlage für eine sahnige, eiskalte Nachspeise – eine Spezialität aus der ländlichen Region um Rom.

5 Eigelb
125 g Zucker
5 Eßlöffel Rum
500 g frischer Ricotta (durch ein Sieb gestrichen)

Eine tiefkühlgeeignete Form (ca. 1,2 l Inhalt) mit Klarsichtfolie auslegen.

Die Eigelbe und den Zucker in einer Schüssel mit dem elektrischen Handrührgerät schaumig schlagen.

Den Rum gründlich untermischen, dann Ricotta nach und nach unterrühren.

Die Ricottamasse in die vorbereitete Form füllen, die Oberfläche glattstreichen und mit Folie abdecken.

Ins Tiefkühlgerät stellen, bis die Masse fest ist. Portionsweise auf Dessertteller verteilen und sofort mit Amaretti oder Hippenröllchen servieren.

4 – 6 Portionen
Vorbereitungszeit: *20 Minuten, plus Gefrierzeit*

Tiramisu

Mascarpone-Kaffee-Dessert

Mascarpone ist reichhaltiger als Sahne. Dieser Frischkäse ist für Tiramisu, eines der beliebtesten Desserts, unentbehrlich. Nach Wunsch können Sie die Oberfläche auch mit geraspelter Schokolade dekorieren.

2 Eigelb
2 Eßlöffel Zucker
einige Tropfen Vanille-Extrakt
250 g Mascarpone
175 ml starker, schwarzer Kaffee
2 Eßlöffel Marsala
1 Eßlöffel Weinbrand
150 g Löffelbiskuits
1 Eßlöffel Kakaopulver
2 Eßlöffel geraspelte Zartbitterschokolade (nach Wunsch)

Eigelb und Zucker in einer Schüssel so lange mit einem Holzlöffel schlagen, bis eine cremige Masse entsteht. Vanille-Extrakt zugeben und Mascarpone unterrühren. Die Mischung sollte dickflüssig und cremig sein.

Kaffee, Marsala und Brandy in eine flache Schüssel füllen. Löffelbiskuits kurz in der Mischung tränken, so daß sie den Geschmack aufnehmen, aber nicht matschig werden und auseinanderfallen.

Den Boden einer großen Glasschüssel oder die Böden von 4 Dessertschalen mit den getränkten Löffelbiskuits auslegen. Eine Schicht Mascarponecreme darübergeben.

Löffelbiskuits und Mascarponecreme abwechselnd übereinanderschichten und mit einer Schicht Mascarpone abschließen. Kakaopulver darübersieben. 3 – 4 Stunden im Kühlschrank durchziehen lassen. Der Geschmack wird besonders intensiv, wenn das Tiramisu über Nacht kühl gestellt wird.

6 Portionen
Vorbereitungszeit: *ca. 20 Minuten, plus 3 – 4 Stunden Kühlzeit*

Brote

Pandoro
Pandoro ist ein hoher Hefekuchen, dem Panettone sehr ähnlich ist, aber keine Früchte enthält. Er wird zum Frühstück mit Kaffee serviert sowie zu besonderen Gelegenheiten wie Weihnachten und Ostern.

Panini
Panini heißt „kleine Brote" und ist ein typisch italienisches Brot, das in Form eines kleinen, flachen Laibs gebakken wird. Wie jedes italienische Brot werden Panini mit Hefe hergestellt und zu jeder Mahlzeit serviert.

Baguette
Baguette wird üblicherweise mit Frankreich assoziiert. Es ist ein internationales Brot, das überall auf der Welt gebacken wird. Baguette ist ein langer, dünner, knuspriger Brotlaib, der aus Weizenmehl hergestellt wird.

Panettone
Panettone, eine Spezialität aus Norditalien, ist ein hoher Hefekuchen, der aus Eigelb und kandierten Früchten gefertigt wird. Panettone wird zum Frühstück und zu besonderen Anlässen serviert.

Grissini
Jedes italienische Restaurant, das etwas auf sich hält, bietet Begrüßungssnacks in Form von knusprigen Grissinistangen an. Die langen, dünnen, Brotstangen werden als Appetitanreger serviert.

Focaccia
Focaccia ist ein flaches Hefebrot, das als wichtigste Zutat Olivenöl enthält und in einer gefetteten Pfanne gebacken wird. Focaccia kann mit sonnengetrockneten Tomaten, Oliven oder frischen Kräutern belegt und dann serviert werden. Egal, ob pur oder mit Füllung – es ist gleichermaßen köstlich.

Ciabatta
Ciabatta ist eines der beliebtesten italienischen Brote. Wie Focaccia wird es mit Olivenöl hergestellt und zu einem relativ flachen Laib mit einer lockeren Struktur gebacken. Ciabatta kann wie Focaccia mit sonnengetrockneten Tomaten, Oliven oder Kräutern zubereitet werden.

Knoblauch-Focaccia

Pane all'olio, das italienische Olivenöl-Brot, ist weltweit beliebt. Hier ist eine Variante.

5 g Trockenhefe
1 Teelöffel Zucker
400 g Weizenmehl
200 ml lauwarmes Wasser
1 Teelöffel Salz
3 Knoblauchzehen (durch die Presse gedrückt)
2 Eßlöffel Olivenöl
1 Eßlöffel Maismehl oder Grieß
1 Eßlöffel Olivenöl
zusätzlich etwas zum Glasieren
2 Teelöffel grobes Meersalz

Hefe, Zucker, 1 Teelöffel Mehl und Wasser mischen. Mit Klarsichtfolie abdecken. Zirka 10 Minuten an einem warmen Ort stehen lassen. Restliches Mehl und Salz in eine Schüssel sieben. Knoblauch zugeben, mit einem Messer unterrühren. In der Mitte eine Mulde formen. Hefemischung und Olivenöl unterrühren, mit einem Messer zu einem festen Teig mischen.

Den Teig auf eine leicht bemehlte Arbeitsfläche geben und ca. 10 Minuten kneten. Zu einer Kugel formen und in eine große, leicht gefettete Rührschüssel geben. Mit Frischhaltefolie abdecken. Zirka 40 Minuten an einem warmen Ort stehen lassen, bis der Teig aufgegangen ist.

Boden einer flachen, ca.20 x 30 cm großen Backform mit Maismehl oder Grieß bestreuen. Den Teig ca. 2 Minuten kneten, bis er geschmeidig ist. Den Teig in die Form füllen und mit einem Holzstäbchen kleine Löcher hineinstechen.

Die Oberfläche mit Wasser beträufeln und das Brot im vorgeheizten Ofen bei 210 Grad, Gas Stufe 4, Umluft 190 Grad ca. 10 Minuten backen. Erneut mit Wasser beträufeln, weitere 10 Minuten backen. Mit zusätzlichem Olivenöl bestreichen, mit Meersalz bestreuen und nochmals ca. 5 Minuten backen. In Viertel geschnitten und ofenfrisch servieren.

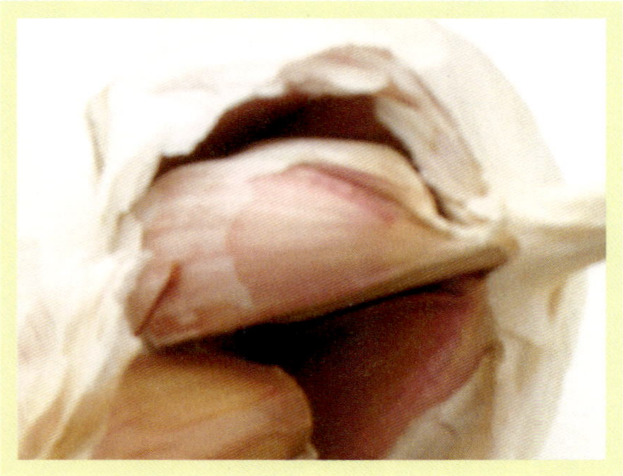

4 – 6 Portionen
Vorbereitungszeit: *ca. 20 Minuten, plus 50 Minuten Ruhezeit*
Backzeit: *ca. 25 Minuten*
Ofentemperatur: *210 Grad, Gas Stufe 4, Umluft 190 Grad*

Käse-Focaccia

mit Schnittlauch

Käse und Schnittlauch harmonieren ausgezeichnet miteinander und geben der Focaccia einen rustikalen Geschmack.

5 g Trockenhefe
1 Teelöffel Zucker
400 g Weizenmehl
200 ml lauwarmes Wasser
1 Teelöffel Salz
25 g Parmesan (gerieben)
1 Eßlöffel Schnittlauchröllchen
2 Eßlöffel Olivenöl
1 Eßlöffel Maismehl oder Grieß
1 Eßlöffel Olivenöl plus Olivenöl zum Glasieren
2 Teelöffel grob gemahlenes Meersalz

Hefe, Zucker, 1 Teelöffel Mehl und Wasser in einer kleinen Rührschüssel mischen. Mit Klarsichtfolie abdecken. Zirka 10 Minuten an einem warmen Ort stehen lassen. Restliches Mehl und Salz in eine große Rührschüssel sieben. Parmesan und Schnittlauch zugeben und mit einem Messer unterrühren. In der Mitte eine Mulde formen. Hefemischung und Olivenöl unterrühren. Mit einem Messer mit flacher Klinge zu einem festen Teig mischen.

Den Teig auf eine leicht bemehlte Arbeitsfläche geben und ca. 10 Minuten kneten. Zu einer Kugel formen und in eine große, leicht gefettete Rührschüssel geben. Mit Folie abdecken. Zirka 40 Minuten an einem warmen Ort ruhen lassen, bis der Teig aufgegangen ist.

Den Boden einer flachen, ca. 20 x 30 cm großen Backform mit Maismehl oder Grieß bestreuen. Den Teig ca. 2 Minuten kneten, bis er geschmeidig ist. In die Form füllen und mit einem Holzstäbchen Löcher hineinstechen.

Die Oberfläche mit Wasser beträufeln und die Focaccia im vorgeheizten Ofen bei 210 Grad, Gas Stufe 4, Umluft 190 Grad ca. 10 Minuten backen. Nochmals mit Wasser beträufeln. Zirka weitere 10 Minuten backen. Mit zusätzlichem Olivenöl bestreichen, mit Meersalz bestreuen und nochmals ca. 5 Minuten backen. In Viertel geschnitten, ofenfrisch servieren.

4 – 6 Portionen
Vorbereitungszeit: *ca. 20 Minuten, plus 50 Minuten Ruhezeit*
Backzeit: *ca. 25 Minuten*
Ofentemperatur: *210 Grad, Gas Stufe 4, Umluft 190 Grad*

Oliven-Focaccia

mit Rosmarin und Knoblauch

5 g Trockenhefe
1 Teelöffel Zucker
400 g Weizenmehl
200 ml lauwarmes Wasser
1 Teelöffel Salz
1 Knoblauchzehe (durch die Presse gedrückt)
2 Eßlöffel Olivenöl
50 – 75 g schwarze Oliven (entsteint und fein gehackt)
1 Teelöffel gehackte Rosmarinnadeln
1 Eßlöffel Maismehl oder -grieß
1 Eßlöffel Olivenöl plus Olivenöl zum Glasieren
2 Teelöffel grob gemahlenes Meersalz

Hefe, Zucker, 1 Teelöffel Mehl und Wasser in einer kleinen Rührschüssel mischen. Mit Klarsichtfolie abdecken. Zirka 10 Minuten an einem warmen Ort stehen lassen.

Restliches Mehl und Salz in eine große Rührschüssel sieben. Knoblauch, Oliven und Rosmarin zugeben und mit einem Messer unterrühren. In der Mitte eine Mulde formen. Hefemischung und Olivenöl unterrühren. Mit einem Messer mit flacher Klinge zu einem festen Teig mischen.

Den Teig auf eine leicht bemehlte Arbeitsfläche geben und ca. 10 Minuten kneten. Zu einer Kugel formen und in eine große, leicht gefettete Rührschüssel geben. Mit Klarsichtfolie abdecken. Zirka 40 Minuten an einem warmen Ort ruhen lassen, bis der Teig aufgegangen ist.

Den Boden einer flachen, 20 x 30 cm großen Backform mit Maismehl oder Grieß bestreuen. Den Teig ca. 2 Minuten kneten, bis er geschmeidig ist. In die Form füllen und mit einem Holzstäbchen Löcher hineinstechen.

Die Oberfläche mit Wasser beträufeln und das Brot im vorgeheizten Ofen bei 210 Grad, Gas Stufe 4, Umluft 190 Grad ca. 10 Minuten backen. Erneut mit Wasser beträufeln. Zirka weitere 10 Minuten backen. Mit Olivenöl bestreichen, mit Meersalz bestreuen und nochmals ca. 5 Minuten backen. In Viertel geschnitten, ofenfrisch servieren.

4 – 6 Portionen
Vorbereitungszeit: *ca. 20 Minuten, plus 50 Minuten Ruhezeit*
Backzeit: *ca. 25 Minuten*
Ofentemperatur: *210 Grad, Gas Stufe 4, Umluft 190 Grad*

Register